EGO:

la antítesis del socialismo

José Antonio Gómez Hernández

Primera edición: Junio de 2015
© José Antonio Gómez Hernández
ISBN: 1514173018

A Guille, porque siempre puedo contar con tu cariño

*Sois socialistas no para amar en silencio vuestras
ideas, ni para recrearos con su grandeza y con el
espíritu de justicia que las anima, sino para llevarlas
a todas partes*

Pablo Iglesias

*Yo no apostaría el pellejo por un hombre que estando
perdiendo, se riera.*

George S. Patton

PREÁMBULO

Que los tiempos cambian es una obviedad de tal calibre que casi es innecesario mencionarlo. Sin embargo, esos cambios pueden ser a mejor o a peor, pueden afectar de una manera o de otra a personas, instituciones u organizaciones. Eso es lo que le está ocurriendo a la socialdemocracia europea y, sobre todo, al PSOE.

El tan atacado capitalismo también tuvo su lado humano, aunque no lo crean. Fueron los años en los que en Europa, tras el desastre de la II Guerra Mundial, se llegó al acuerdo tácito de implantar un Estado del Bienestar donde parte de los beneficios de ese capitalismo estuviera destinado a dar a los ciudadanos una sanidad universal, una educación pública y unos derechos sobre los que se asentara la dignidad mínima de las personas. Una gran parte de la responsabilidad de esa implantación del Estado Social fue de los partidos socialistas o socialdemócratas europeos. Cada país lo implementó dentro de sus posibilidades. Evidentemente, en España, donde gobernaba uno de los dictadores más despiadados de la Historia de la Humanidad, hubo que esperar a que Franco muriera para que los españoles pudieran disfrutar de esos derechos contenidos en la Declaración de Derechos Humanos de la ONU. Y fue el Partido Socialista el que, tras alcanzar el poder en 1982, llevó a efecto lo que declaraba la Constitución de 1978 como derechos inalienables de los españoles.

Había circunstancias que hacían que ese Estado del Bienestar se nutriera de los beneficio del capitalismo, del mismo modo en que la socialdemocracia era fundamental en el desarrollo democrático y social de las naciones. Por un lado había que contraponer una sociedad basada en las libertades a las dictaduras de corte estalinista. Por otro lado el propio capitalismo precisaba generar un bienestar que aumentara el consumo y la producción, lo que incrementaría los beneficios. Era un sistema basado en un círculo donde a mayor consumo, mayor producción, lo que generaría un mayor beneficio que se invertiría, a través de la imposición fiscal, en mejorar el Estado del Bienestar. Hay economistas y politólogos que achacan a la caída del Muro de Berlín y de los regímenes estalinistas la ruptura de ese equilibrio y la conversión de ese capitalismo productivo en un sistema especulativo salvaje donde lo único que se valora es el beneficio neto, por encima de lo que sea. Si a esto le unimos la llegada al poder de formaciones políticas que basan su ideología económica en el neoliberalismo y que tienen como ejemplo de gobierno a personajes tan siniestros como Ronald Reagan, George Bush o Margaret Thatcher y que no creen en el Estado del Bienestar, tenemos un cóctel molotov lanzado directamente hacia los derechos fundamentales de la ciudadanía.

Los poderes económicos, los mercados y sus aliados políticos han logrado imponer su visión mercantilista. Ahora no prima la política, sino la economía, la especulación y la rentabilidad, cosa que es incompatible con el respeto a la dignidad y los derechos de las personas, sobre todo la búsqueda de rentabilidad en las cuentas de los Estados. De ahí que lancen constantemente el mensaje de que el Estado del Bienestar es muy caro y que es mejor que lo gestionen entes privados.

Este cambio del sistema capitalista ha descolocado totalmente a la socialdemocracia europea y al socialismo español. Hasta ahora, los partidos socialistas o socialdemócratas eran el garante de la estabilidad de los Estados y del respeto por los Derechos Humanos. Los gobiernos socialistas garantizaban que el Estado del Bienestar que ellos habían implementado en sus respectivos países no se iba a destruir frente a las oleadas destructoras de la derecha. No es casual que la calidad del Estado Social siempre baja cuando gobiernan los partidos democratacristianos, liberales, neoliberales, conservadores o neofascistas y que, una vez que pierden el poder, los socialdemócratas tienen que reconstruir lo que se ha destruido en base a intereses económicos e ideológicos.

La crisis actual ha hecho que la ciudadanía despierte y reclame lo que desde los mercados y los partidos conservadores les quieren arrebatar, lo que les corresponde por derecho. La pérdida de calidad en los servicios básicos o la eliminación de algunos en base a recortar el gasto público para que sea rentable han dejado totalmente descolocado y fuera de lugar a los partidos socialistas y socialdemócratas. El hecho de haber ocupado responsabilidades de poder provoca que sean muchas las voces que les culpa de la situación actual. En parte con razón, pero la mayor parte de las acusaciones recibidas son injustas o interesadas por aquellos que se arrogan ser la voz del pueblo sin haber siquiera explicado qué quieren hacer.

La socialdemocracia, tal y como la conocíamos hasta ahora, ha fracasado porque no se ha sabido adaptar a los nuevos tiempos del sistema capitalista. Los intentos de reciclarse han sido fallidos y trajeron más daño que beneficio. Personajes como Toni Blair o Manuel Valls son dañinos para el socialismo. El hecho de haber tenido responsabilidades de gobierno también provoca que las estrategias se vayan acercando más al centro político que hacia la izquierda. Tampoco ayuda mucho que los socialdemócratas alemanes pacten con una de las responsables de la situación actual, sobre todo en el sur de Europa, para formar gobierno.

Ante la situación actual, ante este nuevo capitalismo basado en las ganancias rápidas y la especulación salvaje por encima de todo, el camino que tienen que tomar los actuales partidos socialdemócratas y socialistas es el de la vuelta a los orígenes, la vuelta al socialismo, el retorno a la izquierda que jamás debieron dejar, independientemente de que hayan tenido o no responsabilidades de gobierno. Que el socialismo regrese a sus orígenes no quiere decir que haya que radicalizar el discurso o acercarse a las quimeras y leyendas en las que muchos recién llegados basan su discurso político. Es simple, el socialismo es priorizar por encima de todo las necesidades del pueblo y las propuestas y programas deben ir orientados hacia ello, por mucho que también haya que tener en cuenta las necesidades de los poderosos. Haber tenido ocasión de gobernar —cosa que otros no pueden decir por mucho que se presenten ante los ciudadanos como los poseedores del maná o del secreto de la inmortalidad— hace que los socialistas puedan aplicar el verdadero socialismo sin discriminar a las élites, tal y como plantean los mesías, siendo justos con todos y haciendo entender que la mejor inversión se encuentra en esa justicia social para todos, para «los de abajo» y para «los de arriba», utilizando la verborrea barata de los que quieren aplicar soluciones fracasadas allende los mares.

Si la socialdemocracia ha fracasado y el socialismo es la única solución para terminar con la injusticia y la dictadura económica de los mercados, ¿por qué el PSOE se sigue empeñando en continuar dentro del camino del fracaso? ¿Por qué Pedro Sánchez se empeña en no aplicar un programa verdaderamente socialista? ¿Por qué somos socialistas los fines de semana y firmamos con el PP un pacto absurdo que no hace más que alimentar la falsa sentencia del PPSOE? ¿Tal vez piensa Pedro Sánchez que la única solución para el socialismo español está en la Gran Coalición, tal y como hicieron los socialdemócratas alemanes? Todas estas dudas vienen de que a día de hoy no sé si el Secretario General del PSOE es carne o pescado. No me genera confianza quien dice hoy que con el PP no hay nada que pactar y al día siguiente se presenta en La Moncloa para ser protagonista de una de las fotos más vergonzosas de la historia de la democracia española. No me genera confianza quien para reafirmar su liderazgo da pequeños golpes de estado en las federaciones territoriales de la mano de un secretario de organización que es un claro defensor de la división como medio para afirmar el liderazgo. ¿Qué camino seguirá Pedro Sánchez, el correcto o el fácil? El correcto es reafirmar el mensaje socialista puro, sin metiches socialdemócratas. El fácil es seguir con ese socialismo de «la puntita nada más», ese socialismo de bandazos que nos llevan hacia el Gran Pacto con el PP. Mi olfato me dice que seguirá el segundo y que será la muerte del PSOE.

LA ETERNA CRÍTICA INTERNA DEL PSOE: SOCIALISMO O SOCIALDEMOCRACIA

El Partido Socialista Obrero Español fue fundado en el año 1879 por Pablo Iglesias. Durante más de cien años se definió como una organización de clase obrera, creado para defender a la clase obrera y de corte ideológico socialista-marxista. Fue en el XXVIII Congreso (1979) cuando aceptó la economía de mercado y renunció al marxismo como ideología. Algunos analistas políticos piensan que eso fue un grave error de Felipe González. Sin embargo, en aquel momento histórico tal vez no lo fuera tanto. Aceptar la economía de mercado no implica necesariamente que se deba renunciar a la defensa de la clase trabajadora y a las políticas sociales, tal y como se vio en la primera legislatura de gobierno socialista, legislatura donde se implementó el Estado del Bienestar, donde se hicieron efectivos los derechos y libertades reconocidas en la Constitución Española de 1978. El problema surge cuando uno se olvida de dónde viene para acercarse al lugar donde jamás debe ir. Aún no hemos llegado a este punto, así que nos centraremos en este pequeño repaso del socialismo español.

Siempre ha habido luchas internas en el PSOE, sobre todo luchas ideológicas. Es parte del ADN del partido. Para algunos es una debilidad. Yo pienso que podría ser una fortaleza, ya que la discrepancia ideológica siempre enriquece. Sin embargo, esa visión tan optimista puede ser válida en culturas más «civilizadas». En España es imposible porque cada discusión, cada polémica se toma como un asunto de honor y siempre se termina como en el grabado de Goya, enterrándonos hasta los tobillos y a garrotazo limpio hasta terminar con el oponente. También es parte del ADN hispánico, así que nos encontramos con una situación bastante peliaguda.

No me voy a ir más atrás de la Guerra Civil al hacer un repaso de las discordancias más sonadas dentro del PSOE. Durante la II República fue famosa la división entre los partidarios de Indalecio Prieto y los de

Francisco Largo Caballero. Ambos representaban las mismas diferencias que puede haber hoy día. Fue famosa la división surgida tras la decisión de Largo Caballero, junto con Julián Besteiro, de convivir con la dictadura de Primo de Rivera, mientras que Prieto y Fernando de los Ríos se opusieron a ella. También fue importante la lucha que mantuvieron durante la Guerra Civil en los meses en que Largo Caballero fue Presidente de Gobierno. Mientras éste pretendía que había que apoyarse más en la URSS que en las potencias Europeas, Prieto era un defensor de la extensión del conflicto a toda Europa como único medio de acabar con el Golpe de Estado de Franco. Durante este periodo, además, se produjo una escisión en el PSOE que se tradujo en la creación del PCE. Sin embargo, fue una época en que el partido socialista, junto con la Unión General de Trabajadores, se posicionó en todo momento en la lucha obrera para conseguir derechos y libertades, apoyando y convocando huelgas, independientemente de si se tenía representación parlamentaria o no.

Tras la derrota en la Guerra y el exilio los socialistas no fueron menos que los republicanos exiliados: se dividieron aún más. El único partido que se mantuvo unido fue el PCE y, por ello, se erigió como ariete contra la dictadura, tanto en el exterior como en el interior. No analizaremos estas disputas en el exilio y daremos un paso adelante en el tiempo hasta los años finales del franquismo. En los años 70, cuando ya se atisbaba el fin de la vida de Franco y la incertidumbre sobre el futuro político de España era un hecho, con una oposición débil y fragmentada y un Régimen pensando en el franquismo sin el Caudillo. En el campo de la izquierda, la que más sufrió la represión, nos encontrábamos con un mapa casi monopolizado por el Partido Comunista de España, tanto a nivel político como a nivel sindical. El socialismo, salvo en ciertas zonas del país, era prácticamente desconocido para la población. Por otro lado, ésta vivía en una situación de apoliticismo fanático. Los años de la dictadura habían imbuido en los ciudadanos la idea de que era mejor no meterse en política, como consecuencia de la existencia de un solo partido y del miedo que la represión había provocado. Apenas un 1% de los españoles estaba dispuesto a significarse contra el Régimen. Fueron dos ámbitos donde más se pudo apreciar el compromiso pero a niveles muy bajos: la universidad y el mundo del trabajo. En ambos la presencia del Partido Comunista era casi monolítica, tanto a través del PCE como de Comisiones Obreras. Socialistas había pocos, salvo en las zonas donde la UGT tenía peso.

También en estos momentos tan delicados el PSOE estaba dividido. En este caso entre los viejos exiliados, que tenían un total desconocimiento de la realidad de España, y los jóvenes del interior, más cercanos a lo que realmente estaba ocurriendo en los años finales del franquismo. En 1974 había ocurrido algo que había hecho remover las mentalidades de los que vivían la dictadura día a día: la Revolución de los Claveles portuguesa. El final era inminente y había que estar preparados para dar el salto a la primera línea de la política nacional, a pesar de las resistencias que el Régimen pondría y que, de hecho, puso para que la democracia llegara a España. Por otro lado había que encontrar el espacio dentro de una izquierda que estaba casi monopolizada por el PCE. Estos retos no podían ser encabezados por la vieja guardia de Llopis sino por los jóvenes socialistas del interior. Era necesaria la renovación si se quería sobrevivir y no ser un mero actor secundario a la sombra de los comunistas, como ocurría en Italia, por ejemplo. Todo parecía destinado a que Nicolás Redondo, Secretario General de la UGT, sería el encargado de encabezarla. Sin embargo, éste renunció para centrarse en su labor sindical, dado que el mundo del trabajo también vivía una época convulsa con la lucha entre unos sindicatos cada vez menos clandestinos y el Sindicato Vertical, lucha que se estaba decantando claramente en favor de los primeros (CCOO, USO y UGT). Ante la renuncia de Redondo a la Secretaría General, se eligió a Felipe González (*Isidoro*) como Secretario General con el apoyo casi unánime de las federaciones del interior, salvo Madrid, y de figuras históricas como Ramón Rubial y Eduardo López Albizu. El discurso de González fue un mensaje lleno de ideología y de socialismo. Éste era al único modo de tener un espacio preponderante en la España del futuro. Ser socialistas y defender el socialismo ante otras fuerzas de la izquierda.

Tras la muerte de Franco comenzaron los contactos con los partidos de la oposición al franquismo por parte de los representantes del poder que querían atravesar el Rubicón hacia la democracia, empezando por el mismo Rey que envió a Nicolás Franco Pascual de Pobil incluso antes de la muerte del dictador para entrevistarse con los principales líderes de las formaciones que se oponían al franquismo en la clandestinidad, desde los demócrata-cristianos hasta los comunistas. Hubo algo que sorprendió al sobrino del dictador y fue que las peticiones más agresivas eran las del PSOE, incluso por encima de las de Carrillo. Es decir, que en los tiempos de Suresnes el Partido Socialista tenía una idea de España basada en el socialismo.

Una vez que se produjo la muerte del dictador, el nuevo gobierno de Arias Navarro, no por la voluntad del presidente pero sí la de la mayoría de sus ministros, comenzó a hablar con la oposición para presentar el primer proyecto de Ley de Reforma Política, una ley que se quedaba corta en todo, principalmente porque fue Fraga quien la redactó. El entonces Ministro de la Gobernación se reunió con casi todos, dejando fuera al PCE. Según el propio Fraga no era el momento. Sin embargo, había un interés en los reformistas de ese gobierno en que fuera el PSOE y no los comunistas quien tuviera la preponderancia de la izquierda española. De ahí los contactos constantes con Felipe González.

Arias Navarro dimitió en el mes de julio de 1976 y el Rey nombró Presidente de Gobierno a Adolfo Suárez. Fue un chasco para la oposición y para la sociedad española ya que se trataba de un hombre que venía del Movimiento, que había sido Ministro del Movimiento y había ocupado cargos en la dictadura, como Gobernador Civil o Director de Radio Televisión

Española. Sin embargo, Suárez resultó ser lo contrario a lo que se temían los demócratas porque resultó ser un demócrata. Junto a Torcuato Fernández Miranda sacaron adelante la Ley de Reforma Política en las Cortes franquistas y convocaron el Referéndum. Casi paralelamente se produjo un hecho que no estaba previsto: la unión de todas las fuerzas de oposición en la Plataforma de Organismos Democráticos en primera instancia y, posteriormente, en Convergencia Democrática con la unión a la primera de los partidos nacionalistas. Sin embargo, a pesar de la unión de toda la oposición en una sola entidad, el Gobierno estaba muy interesado en que la izquierda estuviera liderada por el PSOE y no por el PCE. Hubo encuentros secretos entre González y Suárez, al igual que los hubo con Fraga y unos días antes del Referéndum se autorizó que el Partido Socialista celebrara un Congreso en Madrid, el primero en territorio español desde la Guerra Civil. Este punto es importante, porque los partidos políticos aún no habían sido legalizados. Felipe González afirma que el XXVII Congreso fue el contrapunto al Referéndum para la aprobación de la Ley de Reforma Política de Suárez.

El PSOE en 1976 volvió a demostrar que había luchas internas entre quienes defendían el mensaje socialista frente a la socialdemocracia que abanderaban desde una parte importante de la Ejecutiva, un modo de entender el socialismo más cercano al SPD (Willy Brandt) alemán o al SAP (Olof Palme) sueco. Por otro lado se encontraban quienes defendían que el futuro del socialismo en España pasaba por ser más socialistas que socialdemócratas. En las propias resoluciones se vieron esas diferencias. Un ejemplo: el Congreso aprobó el carácter marxista del PSOE y su condición de «partido de clase, marxista y democrático». Sin embargo, Felipe González, el Secretario General, se opuso a ello ya que él defendía precisamente que el Partido Socialista Obrero Español se convirtiera en un partido de corte socialdemócrata al estilo de los alemanes.

La Ley de Reforma Política fue refrendada por los españoles en el Referéndum de diciembre de 1976, se legalizaron los partidos políticos, incluido el PCE, y comenzó la carrera hacia las primeras Elecciones Generales desde el año 1936. La ciudadanía estaba muy interesada en la política. Se inscribieron centenares de partido de todas las tendencias, desde los que representaban las esencias del Régimen hasta la extrema izquierda. En España sólo se hablaba de política mientras, paralelamente, el Gobierno de Suárez negociaba punto por punto las condiciones puestas por la Comisión de los 10 para transformar la realidad política del país. Los ciudadanos estaban informados al día de lo que iba ocurriendo. A diferencia de otras transiciones en otros lugares del mundo, como lo ocurrido en las antiguas repúblicas soviéticas, los españoles conocían a todos y cada uno de quienes podrían ser protagonistas del futuro, de la futura democracia.

En junio de 1977 se celebraron las primeras Elecciones Generales desde febrero de 1936.

La ilusión era grandísima. El pueblo volvía a tener la palabra desde hacía más de cuarenta años y eso se notaba en la calle. Las colas en los colegios electorales eran inmensas. Ocurrió lo que tenía que pasar y los españoles se decidieron por el cambio templado dando su confianza al partido de Adolfo Suárez. Sin embargo, los pronósticos de que el PCE, el partido que había monopolizado la lucha contra el franquismo, quedó relegado por el Partido Socialista Obrero Español de Felipe González, que se convertía en la primera fuerza de la oposición. Decididamente, los españoles apostaban por la transformación en vez de la ruptura. Los españoles querían un cambio en paz.

Se inició de este modo la legislatura constituyente. Era necesaria la redacción de una Constitución democrática que eliminara cualquier resto del franquismo. El PSOE mantenía una posición de izquierda, con propuestas de izquierda y este hecho provocaba que los españoles progresistas volvieran sus ojos hacia los socialistas. La Constitución se aprobó en 1978 y fueron convocadas Elecciones Generales para el año siguiente, donde los resultados para el partido de Felipe González fueron mejores que dos años antes.

La autodestrucción de UCD, la subida de la Alianza Popular de Manuel Fraga y la situación de desprestigio del propio Adolfo Suárez provocaba que la política española fuera girando hacia el progresismo real que proponían los socialistas. Sin embargo, la democracia en España estaba en peligro porque había ruido en los cuarteles. La actividad terrorista de ETA y GRAPO era cruenta. Los asesinatos a miembros de las Fuerzas de Seguridad del Estado y del Ejército, sobre todo, generaban en los cuarteles una sensación de que el Gobierno estaba siendo demasiado condescendiente con los terroristas. Parecía que España iba a dar un paso atrás, que los militares iban a volver a tomar el mando. Muchas operaciones sobrevolaban Madrid. Había que hacer algo para mantener el sistema. Ante el ruido de sables lo que más sonaba era la creación de un gobierno de concentración al mando de un militar. Todo eran rumores. Todo eran conspiraciones. Todo el mundo sabía todo pero nadie sabía nada.

Suárez presentó su dimisión ante la situación del país y en la última sesión del Debate de Investidura de Calvo Sotelo se produjo la entrada del Teniente Coronel Antonio Tejero Molina y el intento de golpe de Estado. No entraremos a valorar ahora las razones ni quién estaba detrás de este movimiento. Sin embargo, lo que ocurrió fue que la democracia española se reforzó gracias a la actitud irresponsable de quienes quisieron destruirla por la fuerza.

Calvo Sotelo fue investido Presidente de Gobierno, cargo que ejerció hasta las elecciones generales de octubre de 1982. En estos comicios el PSOE se presentó bajo el lema «Por el Cambio» con un programa de izquierdas. En ese programa el Partido Socialista presentaba medidas como las que se enumeran a continuación:

- Reducción de la edad de jubilación a los 60 años,

- Realizar controles a la banca y nacionalizar aquellas que tuvieran problemas financieros,
- Realizar consultas populares respecto a los tratados internacionales,
- Subir los impuestos a las rentas altas,
- Crear un plan estatal contra el fraude y la evasión fiscal
- Prestaciones a las personas en riesgo de exclusión
- Reformas de los sistemas de Educación y Sanidad

El PSOE ganó las elecciones con mayoría absoluta gracias a un verdadero programa electoral de izquierdas. En esa primera legislatura se cimentó el Estado del Bienestar en España, lo que hizo que los ciudadanos confiaran en el proyecto socialista durante catorce años.

Sin embargo, el poder hace que las convicciones iniciales, que los proyectos progresistas se vayan diluyendo en favor de las élites. Poco a poco el socialismo pasó a socialdemocracia y los resultados electorales fueron demostrando el abandono de la confianza de los españoles en el PSOE. A medida que se iban abandonando las raíces socialistas en favor de la socialdemocracia el apoyo ciudadano y la ilusión de 1982 se fueron disolviendo. El giro hacia políticas de centro izquierda y, en ciertos momentos, hacia el centro derecha, provocó que los votantes socialistas se fueran hacia otras opciones con un mensaje que se acercaba más a lo que se esperaba de un partido cuyas siglas incluyen la palabra «socialista». ¿Se hace incompatible ser socialista, alcanzar el poder y mantener el espíritu de partido de clase obrera? En diferentes países europeos, incluida España, parece que llegar al poder resetea el espíritu socialista llevando a los partidos a tomar decisiones que no tienen nada que ver con lo que los ciudadanos esperan de quienes se consideran defensores de la clase obrera. Ocurre en todos y cada uno de los países donde los socialistas o los socialdemócratas tuvieron responsabilidades de poder. Entonces, ¿es incompatible estar en el poder y mantener el socialismo?

El mapa político actual en los países desarrollados no está marcado por las ideologías, sino por el modo en el que aplican los dirigentes modelos económicos y la función de la economía respecto a las clases sociales. En principio, el modelo socialista está basado en la generación de riqueza desde abajo, basando la prosperidad en la escalada de ésta desde las clases más bajas hacia las más altas. La bonanza de las clases bajas o medias es sinónimo de crecimiento de las élites. Sin embargo, el sistema actual está basado en lo contrario, en el favorecimiento de las clases altas dejando las sobras para los demás, por lo que se generan grandes desigualdades sobre todo si el marco general está marcado por una crisis generada precisamente por el ansia de los más favorecidos. Si a esto unimos el cambio que se viene produciendo de la forma de entender el sistema capitalista, que ha pasado de la producción a la especulación, podemos comprobar que la ideología socialista tiene que luchar contra una corriente global.

El constante castigo de los ciudadanos a los diferentes partidos socialistas es consecuencia del abandono de las raíces ideológicas primigenias en favor de la corriente economicista dominante. Lo vemos en Francia con Hollande y Valls que han traicionado a quienes depositaron sus esperanzas en los socialistas ante el ataque neoliberal de la derecha de Sarkozy y sus políticas de austeridad a ultranza. En Alemania ocurrió algo parecido con Gerhard Schröeder. En Grecia el PASOK es casi una fuerza política marginal. En España tuvimos el caso de José Luis Rodríguez Zapatero. En Portugal lo vimos con Jorge Sampaio. Por no hablar de Toni Blair y su tercera vía, que tanto daño ha hecho a los socialistas. ¿Por qué los ciudadanos se alejan del partido que debería ser el garante de sus derechos y el defensor frente a los abusos de la derecha, tanto política como económica? La respuesta es sencilla y dolorosa para quienes nos sentimos socialistas: la aplicación de medidas propias de los conservadores o de los neoliberales en vez de un verdadero programa progresista, medidas que perfectamente podrían haber aplicado Mariano Rajoy, Angela Merkel o Nicolas Sarkozy. Este hecho es una traición hacia los ciudadanos y éstos reaccionan dando la espalda a los partidos socialistas.

¿Por qué se produce esta traición al socialismo? ¿Quién es culpable de estos cambios de mentalidad cuando se alcanza el poder? ¿Es incompatible que un modelo socialista pueda ser aplicado desde el poder con un resultado positivo para el país? Son cuestiones que me vienen a la cabeza y que requieren una reflexión. Es evidente que con el cambio de modelo capitalista el socialismo va a ser torpedeado desde los poderes económicos. La derecha neoliberal no quiere que los ciudadanos conozcan que el modelo socialista es el camino más justo. A la derecha política se une la economía neoliberal basada en los mercados, en la especulación, en la búsqueda del dinero fácil y rápido. Los poderes económicos torpedean cualquier atisbo de aplicación de un modelo diferente. Este hecho es muy peligroso ya que denota la total dependencia de la soberanía popular sobre la que se basa cualquier régimen democrático en las élites económicas y en los mercados. Éstos no permiten que se vea otro camino, que no se descubra que su único interés es que sus políticas se impongan por encima de los intereses generales de los ciudadanos y esto sólo lo pueden lograr con gobiernos de la derecha que son permeables a sus tejemanejes por motivos ideológicos o con gobiernos socialistas traidores a su propia ideología.

El socialismo es precisamente el camino hacia el buen gobierno porque, teóricamente, busca el bien común por encima de los intereses de las élites, ya sean económicas, ya sean religiosas, ya sean empresariales. La ideología socialista no debe ser incompatible con el buen gobierno, sin embargo, los ciudadanos no perciben que sea así. ¿Por qué? Se ha dicho anteriormente. El ciudadano ve que es traicionada su confianza cuando deposita su voto y se encuentra con que los partidos socialistas terminan adoptando medidas propias de la derecha. Es posible que la globalización tenga algo que ver con esta mimetización en los modos de gobierno. Es posible que los mercados hayan logrado imponerse a los regímenes democráticos. Lo que sí que está claro es que no es de recibo que un dirigente socialista adopte medidas neoliberales. Ahí está el «dar la espalda» a los votantes que afirmó Martin Schulz durante la campaña de las elecciones al Parlamento Europeo de 2014. Ese ha sido el gran error, tal vez provocado por la identificación de los socialistas en las ideas socialdemócratas provocada por la presión de los mercados.

El socialismo es la única forma de gobierno que garantiza la pervivencia del Estado del Bienestar y por ello no es incompatible con el ejercicio responsable del poder. Lo que no se puede hacer es dar la espalda a quienes confían en los postulados de la izquierda y, una vez en el poder, dar un giro hacia políticas neoliberales por responsabilidad o espíritu de Estado. Esta excusa no es válida. El socialismo debe defender ante quien haga falta la lucha contra la desigualdad, los derechos de todos, el pan, el trabajo digno, el techo, porque la defensa de estos aspectos tan propios de una democracia es el garante de la prosperidad económica. El modelo neoliberal es un modelo fracasado para los ciudadanos, no para las élites. Por eso el socialismo es el único sistema que garantiza la prosperidad sin tener que generar desigualdad, pobreza y dolor en el pueblo soberano.

Ese socialismo fue aplicado por Felipe González en su primera legislatura y parte de la segunda. Se implementó el Estado del Bienestar. Se universalizaron la Educación y la Sanidad, por ejemplo. No obstante, a medida que iban aumentando los años de poder, a medida que Felipe González se iba convirtiendo en una figura política internacional, el socialismo iba dejando paso a la socialdemocracia y ésta, a su vez, a la toma de decisiones más propias de un partido liberal o conservador. Si a esto le unimos los casos de corrupción que salieron a la luz y una oposición irresponsable por parte del Partido Popular y de un aliado inesperado en el comunista Julio Anguita, dio como resultado la pérdida del gobierno en favor de los conservadores.

En esos años de gobierno de Felipe González también hubo pugna ideológica a medida que se iban perdiendo las esencias socialistas. Fueron los años de los «felipistas» y de los «guerristas». La misma historia de siempre, la misma división. Sin embargo, la presencia de Felipe en el gobierno frenaba mucha tensión. Tal vez si no hubiera sido también Secretario General la deriva hacia el centro no se hubiera producido.

El PSOE había perdido el poder y el hecho de estar estructurado como un partido de gobierno hizo que se olvidaran aún más las esencias en los años de oposición. Las elecciones del 2000 fueron un desastre y a ello no ayudó el hecho de que se echara para atrás la decisión de que el candidato a las generales no fuera el Secretario General. Fue una nueva oportunidad desaprovechada. El problema del PSOE tras tantos años en el poder es la confusión de conceptos como responsabilidad de Estado y las necesidades reales de los ciudadanos. Un Secretario General con responsabilidades de gobierno siempre verá como prioridad la acción gubernamental y si a eso le sumamos la sumisión de los grupos parlamentarios a las decisiones de la dirección hace que los ciudadanos vean a un partido socialista que les traiciona. Esa percepción se nota en los resultados electorales, tal y como podemos comprobar en los siguientes datos y gráficos.

Año	Escaños	Votos	Porcentaje Votos
1977	118	5.371.866	29,32%
1979	121	5.469.813	30,40%
1982	202	10.127.392	48,11%
1986	184	8.901.718	44,06%
1989	175	8.115.568	39,60%
1993	159	9.150.083	38,78%
1996	141	9.425.678	37,63%
2000	125	7.918.752	34,16%
2004	164	11.026.163	42,59%
2008	169	11.289.335	43,87%
2011	110	7.003.511	28,76%

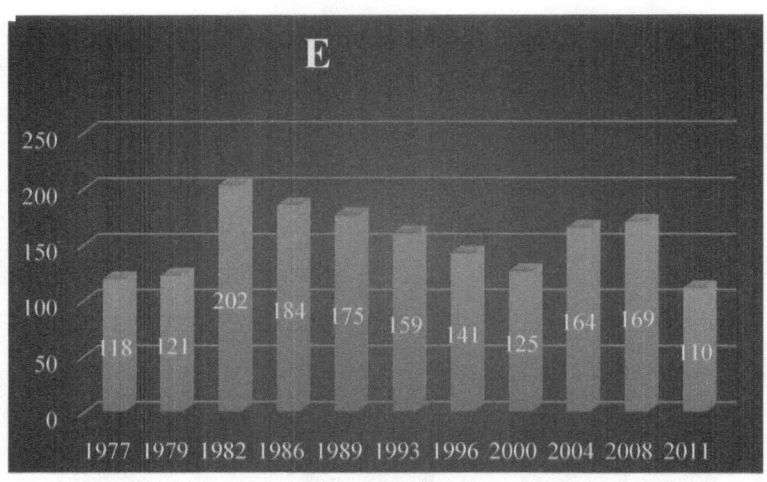

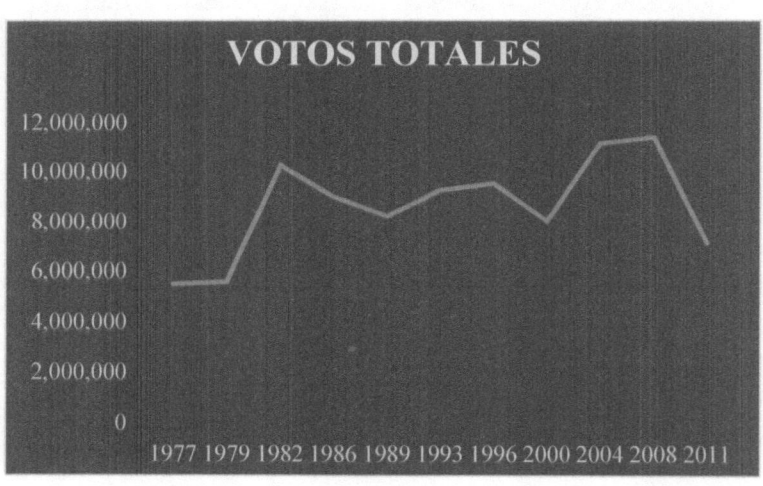

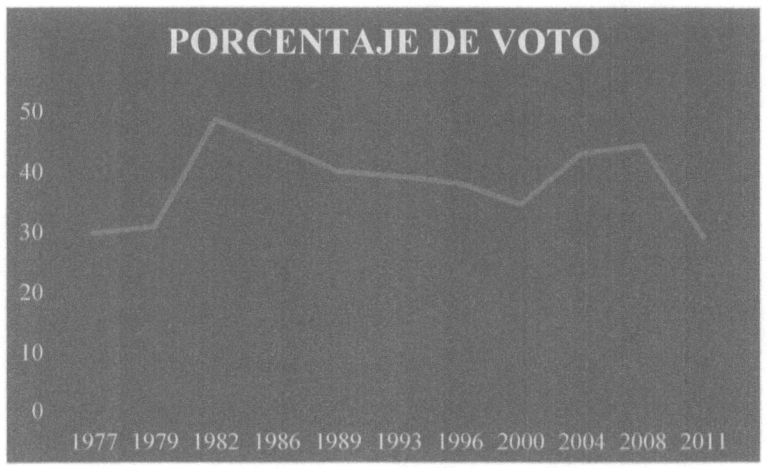

PORCENTAJE DE VOTO

50 40 30 20 10 0

1977 1979 1982 1986 1989 1993 1996 2000 2004 2008 2011

Estos datos y sus correspondientes gráficas demuestran que los ciudadanos van abandonando al Partido Socialista en la misma proporción en que éste deja de lado los principios sobre los que se debe regir la actividad de una organización que se autodenomina como de clase obrera y de defensa de los intereses de ésta. Vemos la ascensión en los años de la Transición hasta llegar al culmen en el año 1982 cuando se presentó un programa de medidas puramente socialistas. A medida que fueron pasando los años de gobierno el porcentaje de voto baja casi en la misma proporción en que se legisla alejándose del ideario socialista, lo mismo que el número de escaños en el Parlamento. Este es uno de los males de los socialistas. Una vez que se ve el mundo desde arriba se va perdiendo la conexión con los problemas reales de los ciudadanos. Es como en la película *El Club de los Poetas Muertos* cuando el profesor Keating hace a los alumnos a subirse a la mesa y les dice que «el mundo se ve otra forma desde arriba, ¿verdad?». Pablo Manuel Iglesias copió esta dinámica de grupo en sus clases para hacerles ver lo mismo desde un punto de vista político. Eso le pasó al PSOE. Abandonó el socialismo para pasar a la socialdemocracia y, finalmente, convertirse en un partido más de centro que de izquierda y en España las medidas que se toman desde el centro suelen escorarse hacia la derecha. Si a eso le unimos una oposición ineficaz durante los años del gobierno de Aznar, por mucha mayoría que tuvieran los conservadores, hizo que se tuviera un resultado desastroso en el año 2000. A eso había que unir la actitud irresponsable de IU mientras Julio Anguita estuvo al frente de la coalición comunista. Parecía que el enemigo era el PSOE y no el PP.

La llegada de Rodríguez Zapatero y la aplicación de un modo de gobierno autoritario gracias a la mayoría absoluta en la segunda legislatura de Aznar junto a decisiones como la entrada en la guerra de Irak en contra de toda la opinión pública y la manipulación de información tras los atentados del 11M hizo que los socialistas recuperaran el gobierno después de 8 años. La primera legislatura estuvo marcada por el retorno de la aprobación de leyes de marcado carácter social que daban a entender que los socialistas habían vuelto a sus orígenes, a los momentos en que el PSOE aún no tenía ramalazos socialdemócratas ni se consideraba un partido de centro y universalizó la educación, la sanidad y creó un sistema de pensiones justo, por citar algunos ejemplos.

Esta legislatura tuvo el premio de que los españoles aumentaran su confianza en el proyecto socialista y aumentara tanto el porcentaje de voto como el número de escaños respecto a 2004. No obstante, esta legislatura fue la de la explosión de la crisis, la de la ejecución de la estrategia implementada por el Partido Popular para poder aplicar sus reformas neoliberales y quedar ante los españoles como los salvadores de la patria, un título que a los conservadores españoles les gusta más que el azúcar a las moscas. El gobierno de Rodríguez Zapatero se encontró con que el modelo productivo en el que se había basado el mercado laboral se había derrumbado. Este hecho generó una destrucción de empleo que se tradujo en un aumento de gasto del Estado por las prestaciones de desempleo y una reducción drástica de la recaudación. Este hecho disparó el déficit, déficit que aumentaba además por las Comunidades Autónomas gobernadas por el Partido Popular, como era el caso de la Comunidad Valenciana de Camps. Aquí se produjo un nuevo error por parte del gobierno que en vez de buscar soluciones provocó más problemas. Se tomaron decisiones más propias de un Ejecutivo de derechas que las que debiera haber tomado si se hubiera afrontado el problema desde una visión socialista.

La ciudadanía explotó y surgió el Movimiento 15M a pocos días de las elecciones Municipales y Autonómicas de 2011. El descontento y la indignación ante la paralización del gobierno y la falta de soluciones a los problemas reales del pueblo hicieron que en las Generales los socialistas y las gentes progresistas de España abandonaran al PSOE y le dieron el gobierno al Partido Popular, quien se presentó a los comicios con un programa falso, un programa lleno de promesas que sabían que no iban a cumplir, promesas que se correspondían exactamente con lo que el pueblo quería oír. El PSOE tuvo los peores resultados de su historia.

Este pequeño repaso al papel jugado por el PSOE durante la democracia, con sus constantes luchas internas, con sus bandazos ideológicos deja una conclusión clara: en cuanto se abandona el camino marcado por el socialismo los españoles dejan de confiar en el Partido Socialista.

Tras el fracaso de 2011 se buscaron maneras para que los ciudadanos volvieran a confiar en el proyecto socialista. No se consiguió porque, a pesar de que el Partido Popular estaba gobernando para los intereses de las élites y provocando con sus leyes situaciones más propias de la posguerra como el hambre, los desahucios, la pobreza, las colas ante los comedores sociales o el aumento del desempleo, además de imponer un estado policial con una represión contra aquellos que se atrevían a salir a la calle a protestar más propia del franquismo que de un país democrático, el PSOE seguía anclado en una posición más propia de un partido de centro-derecha que la de izquierda que esperan los ciudadanos y la que marcan sus Estatutos, donde se expone de forma muy clara que el PSOE es un partido que defiende los intereses de la clase obrera.

El gran error fue seguir con las líneas de acción de un partido que continuaba viendo la realidad desde encima de la mesa de Keating bajo el eufemismo del espíritu de responsabilidad de Estado. Esto se produjo porque no hubo una renovación tras el fracaso electoral. El PSOE debió reiniciarse al día siguiente del fracaso. No obstante, mantuvo al frente a Alfredo Pérez Rubalcaba, un hombre de Estado, un hombre que por su talante democrático no estaba capacitado para liderar una labor de oposición frontal. Los ciudadanos percibían esa pasividad y esa falta de énfasis frente al ataque que el PP estaba perpetrando al propio espíritu democrático y a la ciudadanía. Eso se tradujo en un mayor abandono ciudadano que se visualizó en las elecciones al Parlamento Europeo de 2014.

Fue entonces cuando se decidió que había que darle un nuevo rumbo al partido con la convocatoria de elecciones primarias a la Secretaría General del PSOE. A partir de ese momento el partido ha tomado un rumbo peligroso de imposición de un régimen personalista, es decir, lo contrario a la esencia del socialismo.

PRIMARIAS

La dimisión de Alfredo Pérez Rubalcaba dejaba un vacío de poder en el PSOE. Era necesaria la convocatoria de un Congreso Extraordinario donde se proclamara a un nuevo Secretario General y a una nueva Ejecutiva Federal que sería la encargada de liderar al partido hasta la convocatoria de las primarias abiertas que se recogen en los Estatutos como el medio para la elección del candidato a la Presidencia del Gobierno para las Elecciones Generales del año 2015.

Por otro lado, esa Ejecutiva tendría la difícil labor de reconducir el paso de una nave fuera de rumbo y de crear un proyecto que volviera a enganchar a la ciudadanía, que recuperara a todos aquellos que habían abandonado al partido socialista para recalar en otras opciones de izquierda o en el limbo de la abstención.

Como siempre ocurre en el PSOE la decisión del modo en que debía elegirse al nuevo

Secretario General provocó una lucha interna entre quienes no querían modificar los modos de actuar, los que querían dar voz y voto a todos y cada uno de los militantes y los que querían abrir las puertas del partido a toda la ciudadanía, fueran o no militantes. Rubalcaba se encontraba en una situación difícil.

Por un lado se hallaban aquellos que ya habían abandonado de manera oficial la primera línea de la política, tanto a nivel de cargos públicos como a nivel de cargos dentro del partido. Sin embargo, estos personajes históricos aún tienen mucho peso dentro del partido. Siguen estando ahí sin estar. Se mantienen en la sombra pero su influencia es poderosa. La gran mayoría de estos personajes no quieren ni oír hablar de que se dé voz a la militancia a la hora de elegir a los cargos orgánicos. Siguen estancados en la convocatoria de Congresos cerrados donde cada agrupación o cada federación delegan su voto en una serie de personas que son las que tienen el derecho de sufragio. Ese era el modo en que se habían hecho las cosas y, como representantes de la vieja política, lo defendían. Seguían pensando que la militancia vivía en una constante minoría de edad y, por tanto, no se les podía dar la oportunidad de ser quienes eligieran a sus cargos. El problema de los delegados es que la decisión de la agrupación o de la federación no era vinculante y su voto podía cambiar en el Congreso, provocándose, de este modo, una traición a la voluntad de la militancia.

Por otro lado, estaban los que reclamaban a Alfredo que se convocara un proceso de primarias cerradas a la militancia, una convocatoria electoral con las mismas garantías que en unas elecciones: cada militante podría hacer uso de su derecho de sufragio, libre y secreto, con el control de interventores de cada una de las candidaturas en los recuentos y, sobre todo, respetando la decisión de la militancia. Es decir, que el resultado de las primarias fuera vinculante. Esta era la opción más lógica, sobre todo en un partido que está perdiendo cada día que pasa el apoyo de los ciudadanos. Es la opción más lógica porque las decisiones internas de una organización las deben tomar quienes militan en ella. Nos encontramos en un momento en que el pueblo pide estar más presente en las decisiones de la política, que quiere participar más en esa toma de decisiones. Ya no hay un pueblo que vota cada cuatro años. La ciudadanía pide tener más peso. ¿Qué mejor modo de demostrarles que el PSOE apoya ese tipo de democracia más participativa que siendo el primero en dar ejemplo?

En tercer lugar, estaban aquellos que reclamaban abrir las puertas del partido a toda la ciudadanía con la convocatoria de primarias abiertas. Una cosa es la elección del candidato a la Presidencia del Gobierno y otra muy diferente lo que se estaba tratando en julio de 2014. No era el momento para dar ese paso.

Finalmente, tras un duro debate interno se tomó el camino de la lógica y se eligió como fórmula de elección del nuevo Secretario General la segunda opción. Los militantes tendrían voz y voto por primera vez en la historia. Fue un paso importante, fue dar una imagen de renovación no sólo a la militancia, sino también a los ciudadanos. También era una manera de gritar que el PSOE no había muerto, que seguía ahí y que se adaptaba a los nuevos tiempos de la política dando la responsabilidad de la elección de quien había de dirigir el destino del partido a la base, a quienes tienen el compromiso adquirido más allá de pagar una cuota todos los meses o de tener un carnet con una frase de Pablo Iglesias. Ante un desastre electoral como el sufrido en las Elecciones Europeas había que dar un paso al frente, había que renovar la organización de arriba abajo y el primer paso era dar voz a quienes la llevaban reclamando desde hacía años. Sin embargo, ¿ese proceso de democracia interna atraería la atención de ciudadanos expuestos a la nueva demagogia de los partidos nacidos al albor de la crisis? Sólo era un primer paso que convertía en hecho lo dispuesto en la Conferencia Política de noviembre de 2013 en aras de la renovación.

Tras la recogida de avales quedaron tres candidatos: Eduardo Madina, José Antonio Fernández Tapias y Pedro Sánchez. Cada uno con unas propuestas diferentes, cada uno con su particular modo de entender el cambio que necesitaba el PSOE. Sin embargo, alguien partía con ventaja. Desde antes de las Elecciones Europeas, durante las mismas, uno de los candidatos se había estado pateando las agrupaciones de toda España para presentar su proyecto, para conseguir el aval de muchos militantes antes de que se produjera la dimisión de Rubalcaba. Las obligaciones institucionales y laborales de Madina y Tapias les impedían hacer ese despliegue. Además, muchos de los que estaban sin estar, mucho de esos jarrones chinos que jalonan las estanterías del partido apoyaban a ese candidato y no dudaban en mencionarlo a la menor oportunidad que tenían en los medios de comunicación. Pedro Sánchez ya partía con ventaja y eso se vio en el número de avales. Además, contó con el apoyo de federaciones tan fuertes como la andaluza.

Dentro de este proceso de democracia interna inédito en España se produjo un debate entre los tres candidatos en la sede de la calle Ferraz de Madrid. Ahí se expusieron los proyectos de los tres, ahí debatieron, confrontaron propuestas. Muchas de ellas eran coincidentes, otras tenían diferencias de matiz, otras eran totalmente contrarias. Pero fue un debate limpio donde la política se impuso al populismo o al discurso fácil. Destacó, por ejemplo, la promesa de Tapias de que si era elegido Secretario General no se presentaría como candidato a la Moncloa. Destacaron las propuestas sensatas y con conocimiento de eficiencia dentro del entramado del poder de Madina. Sin embargo, las propuestas de Pedro Sánchez no iban orientadas hacia el partido sino hacia una posible llegada del PSOE al poder. No presentó medidas de regeneración interna sino que presentó un conjunto de medidas de política nacional más propias de un programa electoral. En más de una ocasión Madina y Tapias le tuvieron que recordar que estaban allí para debatir de temas a nivel interno y no de eliminar la reforma laboral o algunas medidas del PP. Y, sobre todo, sorprendió la utilización de la primera persona del singular. El «YO» fue muy repetido en sus intervenciones, lo que ya denotaba la orientación personalista que tomaría el PSOE si Sánchez ganaba esas primarias.

Llegó el día de las votaciones, llegó el día en que la militancia por primera vez en casi 160 años de historia podía elegir a su Secretario General. El resultado fue contundente:

- Pedro Sánchez: 62.490 votos
- Eduardo Madina: 46.439 votos
- José Antonio Pérez Tapias: 19.384 votos

Una diferencia de más de 16.000 votos, cimentada sobre todo en la federación andaluza, de quien recibió un apoyo casi incondicional.

Los resultados de estas primarias fueron ratificados en el Congreso Extraordinario celebrado en el mes de julio. Ahí comenzó a forjarse un modo de hacer política que es impropia de un partido como el PSOE, un modelo basado en el personalismo y en el ego de su Secretario General.

LOS PRIMEROS MESES: UN HILO DE ESPERANZA

Pedro Sánchez tomó las riendas de un partido cuya credibilidad estaba en mínimos. Nadie se fiaba del PSOE. El daño causado a los ciudadanos durante los últimos años del gobierno de Zapatero no se olvida de un día para otro. El daño causado al partido por la falta de contundencia en la labor de oposición de Rubalcaba. La incoherencia con el espíritu del partido en temas tan importantes como el modelo de Jefatura del Estado con dirigentes y diputados intentando excusar lo inexcusable, excusar que se esté siempre a favor de la Monarquía por «respeto institucional a pesar de que el PSOE es un partido con alma republicana». Su principal misión era acercar el partido a los ciudadanos, abrir las ventanas para ventilar el enviciamiento que se había creado con tantos errores de bulto, con tantas traiciones al socialismo y al pueblo. Pedro Sánchez se encontró con la difícil misión de que los ciudadanos volvieran a creer a quien ellos pensaban que les había mentido.

Comenzó su mandato con fuerza, tomando medidas rápidas. Eligió una Ejecutiva con gente que no tenía pasado de gobierno, que no tenía ninguna rémora de los errores cometidos, salvo el caso de Carme Chacón. Gente con experiencia en las instituciones pero sin el mayor lastre que tiene el PSOE respecto a la credibilidad de los ciudadanos. Este hecho es importante, ya que una Ejecutiva formada por gente con un pasado de gobierno a cuestas supondría que el cambio interno prometido no se hacía efectivo. Esa Ejecutiva era la encargada de llevar a cabo las profundas reformas internas que el partido necesitaba.

Había que acercarse a los ciudadanos, había que hacer que el pueblo volviera a creer en el pueblo y para eso era necesaria la creación de ámbitos de acción donde los dirigentes estuvieran con la gente, hablaran con ellos, escucharan sus demandas y lo que esperaban de los socialistas. Para ello se creó la figura de las «Asambleas

Abiertas». Había que recuperar la calle, había que exponer a los ciudadanos y rendir cuentas con ellos. Hubo quien dijo que se copiaba el modelo del 15M. Tal vez fuera así, pero lo que quedaba claro es que había que ir hacia un sistema por el que el partido se acercara a quienes estaban sufriendo las medidas del PP y, en parte, de los dos últimos años de gobierno de Rodríguez Zapatero. Tal vez se copiara el modelo del 15M, de Podemos o de IU, pero lo que el pueblo pide a los políticos en este nuevo tiempo es la cercanía a sus demandas y sus necesidades y no llevar al Parlamento propuestas alejadas de la realidad.

La idea de estas Asambleas Abiertas era eliminar cualquier filtro, que cualquier ciudadano pudiera participar y exponer sus propuestas, sus problemas, sus necesidades o sus críticas sin cortapisa alguna al dirigente correspondiente, dirigente que podía ser el alcalde, un concejal, un presidente de Comunidad Autónoma, un diputado, un senador o el mismo Pedro Sánchez. Sobre todo era una iniciativa interesante porque cualquiera podía debatir con cualquiera, podía plantear sus problemas a quienes con los parámetros de la política que hay que cambiar sólo podían ver en la televisión, en fotos en la prensa o escuchar por la radio. Todo el mundo podía hablar, fuera o no fuera militante del partido. Todos. Por eso esta iniciativa podía tener eficacia porque abría el PSOE a todos los que se quisieran acercar a alguna de estas Asambleas.

Los estudios demoscópicos demostraron que se iba por el buen camino porque el PSOE se recuperaba en las encuestas y Pedro Sánchez aparecía con una buena valoración, teniendo en cuenta el desapego ciudadano hacia la clase política. Parecía que se despegaba.

Otro punto que hacía que muchos socialistas recuperaran la esperanza en este nuevo tiempo bajo la Secretaría General de Pedro Sánchez era el planteamiento constante de propuestas constructivas y no basadas en la utopía que venía de algunos de los nuevos partidos, propuestas que sonaban muy bien porque eran muy innovadoras como, por ejemplo, la renta básica a cualquier ciudadano sólo por el hecho de ser ciudadano, pero que en la práctica eran irrealizables. Pedro Sánchez apostó por lo contrario, por ir presentando paquetes de medidas que respetaban los principios socialistas.

Nos encontrábamos en pleno mes de septiembre de 2014, con el desafío soberanista catalán en su apogeo y la lucha de dos concepciones de la división territorial de España enfrentadas. Por un lado la del Gobierno del PP basada en la inmovilidad respecto al modelo actual y por otro lado la de la Generalitat que apostaba, y sigue apostando, por una Cataluña independiente del Estado español. En el debate había una tercera vía que defendían los socialistas catalanes: la del Estado federal, la de dar el siguiente paso respecto al modelo autonómico. Pedro Sánchez presentó un proyecto de una España federal con un régimen especial para Cataluña, porque España necesita de los catalanes y éstos de los españoles. El PSOE se oponía al proceso independentista pero ponía encima de la mesa una alternativa, cosa que el PP o Ciudadanos, los máximos oponentes del proyecto de Artur Mas no hacían. La fuerza con la que defendió dicho modelo hizo que muchos socialistas comenzaran a verle como un líder en el que se podía depositar la confianza para futuros proyectos.

Tras el desastre en las elecciones europeas y la victoria de los conservadores no sólo en España, sino en Europa, los eurodiputados debían elegir al Presidente de la Comisión. Había dos candidatos, el conservador luxemburgués Jean Claude Junker y el socialdemócrata alemán Martin Schultz. Tras duras negociaciones el grupo socialdemócrata daría su apoyo al conservador. Sin embargo, Pedro Sánchez y su Ejecutiva dieron orden a los eurodiputados socialistas que votaran NO al candidato del Partido Popular Europeo, desmarcándose de la estrategia de los socialdemócratas. No se podía criticar en España las medidas tomadas por el Gobierno de Rajoy y la austeridad para después dar un voto favorable a Junker en el Parlamento Europeo. Eso no se podía hacer y no se hizo, al igual que hicieron los laboristas británicos. Este voto negativo marcaba una diferencia entre quienes seguían viendo al PSOE desde encima de la mesa de Keating y los que pensaban que con la derecha no se pactaba nada y mucho menos con candidatos a Comisarios como Arias Cañete. Esta diferencia de pareceres la vimos en la persona de Ramón Jáuregui, quien afirmó que ese voto negativo iba a ser controvertido, pero que aceptaba, por disciplina, la decisión tomada. A pesar de las voces discordantes de muchos socialistas con alma socialdemócrata que hay en el PSOE Pedro Sánchez mantuvo su postura y los socialistas votaron NO a Junker.

Otra apuesta fuerte del nuevo Secretario General del Partido Socialista fue la transparencia en todos y cada uno de los miembros de su Ejecutiva y la implantación de un severo Código Ético como medidas contra la corrupción, uno de los principales problemas de la política española. En medio del constante goteo de casos de corrupción que afectan tanto a PP y PSOE, Pedro

Sánchez se propuso que los socialistas se diferenciaran claramente de los conservadores con la publicación de rentas y patrimonio de todos los miembros de la Ejecutiva Federal en la página web del partido, haciéndola accesible a cualquier español que quisiera consultarla.

La transparencia es fundamental en cualquier democracia. Los ciudadanos tienen el derecho de conocer si sus dirigentes se están enriqueciendo gracias a la política. Los ciudadanos tienen el derecho de poder acceder al modo en que se gasta cada euro de dinero público, del dinero de todos, cosa que hasta ahora no se puede hacer, al contrario que ocurre en otros países de nuestro entorno donde sus ciudadanos pueden saber, incluso, si un cargo público se tomó un café con leche y un croissant a la plancha en un desayuno de trabajo y lo pagó con la tarjeta de la institución donde ejercita su cargo. España, precisamente, se ha caracterizado por lo contrario, por la opacidad. El español de a pie sólo puede conocer en qué se gasta el dinero de sus impuestos si le echa valor y se lee los tomos de los Presupuestos Generales del Estado, cosa que, por supuesto, sólo hacen quienes están obligados a ello. Esa opacidad es el abono perfecto para actitudes corruptas y para despilfarrar el dinero de todos.

Para evitar eso se presentaron esas 30 medidas contra la corrupción que fueron presentadas en el Congreso como Proyecto de Ley. Era una exposición muy clara de todas las reformas que habría que implementar en España para prevenir la corrupción política, reformas que endurecerían los controles y las penas para este tipo de delitos. Uno de los puntos más importantes era la inclusión en el Código Penal de la financiación ilegal de los partidos políticos, un tema que afecta directamente al actual partido en el Gobierno. También se proponía que las responsabilidades de los corruptos fueran avaladas con su patrimonio para reponer lo robado. Un conjunto de reformas muy potentes que, evidentemente, no salieron adelante, pero que dejó el poso de que el PSOE era un partido que con su nuevo

Secretario General se marcaba como punto importante de su estrategia la regeneración democrática y la lucha contra la corrupción.

Por otro lado, y para diferenciarse de la oposición plácida de Alfredo Pérez Rubalcaba, Pedro Sánchez tuvo duros enfrentamientos con Mariano Rajoy en el Congreso de los Diputados llevando a la tribuna de la Cámara Baja los problemas reales de los españoles, esos problemas que el PP obvia porque sólo están centrados en las cifras macroeconómicas y en subvertir la realidad de los datos del desempleo, por ejemplo. Una de las frases más repetida por el actual Presidente es «usted me presenta una España que yo desconozco». Pues eso hizo Pedro Sánchez. Presentarle la España real, no la que se encuentra en los centros de poder ni en los mercados ni en las organizaciones supranacionales que controlan la economía mundial.

También fue importante su presencia en los medios de comunicación para exponer sus proyectos y propuestas. En un país como España que está recuperando el interés por la política estar en los medios de comunicación es fundamental. El ejemplo lo tenemos en Podemos cuya presencia en la televisión, primero a través de Pablo Manuel Iglesias en diferentes tertulias y después de sus principales líderes les dieron una visibilidad al ciudadano que cimentaron sobre esa presencia su éxito en las Elecciones Europeas y, posteriormente, su ascenso en las encuestas. Fueron controvertidas sus presencias en programas fuera del ámbito político como *El Hormiguero* o su llamada a *Sálvame*. Les tengo que reconocer que, en un principio, al autor no le gustó nada la segunda porque, a su entender, no era el formato adecuado para el líder del PSOE. Sin embargo, y después de reflexionar me di cuenta de que era un modo de, precisamente, visibilizar propuestas a los ciudadanos. En España no tenemos cultura de políticos en formatos menos serios de los habituales. En otros países como, por ejemplo, Estados Unidos nadie echa en cara que su Presidente acuda al programa de Jay Lenno o al de Oprah, incluso a Barrio Sésamo.

Estas y otras cosas hicieron que los socialistas viéramos a Pedro Sánchez con esperanza, como la persona que podía recuperar lo que por abandonar el socialismo se había perdido. Sin embargo, no todo podía ser tan bonito y el ascenso de la popularidad, tanto interna como la que le daban los ciudadanos, provocó que ese ego que lleva dentro saliera y quisiera llevar solo un barco que sólo se puede mover entre todos.

PERSONALISMO Y APROVECHAMIENTO DE LOS RECURSOS PARA PROMOCIONAR LA MARCA PERSONAL

A lo largo de la historia la imagen política de las organizaciones ha estado unida a la imagen de una sola persona, en unos casos por el fuerte liderazgo de ésta, en otros casos por el nefasto liderazgo de aquélla que se quería tapar con un culto a la personalidad. Son datos históricos, por tanto, casi irrefutables los que nos dicen que para el pueblo el segundo caso ha sido siempre un obstáculo para sus intereses, para resolver sus problemas y es el inicio de la inmolación para la organización que para ocultar graves carencias de su líder crea una serie de estrategias de marketing que llegan al culto a la personalidad.

Por desgracia eso está ocurriendo en el PSOE desde que Pedro Sánchez es Secretario General. Como ya quedó claro en el capítulo anterior, los comienzos fueron muy esperanzadores. Sin embargo, todo se fue torciendo hacia una especie de culto a la personalidad donde, incluso, se llega a hablar del PSOE de Pedro Sánchez cuando hay que referirse a un partido centenario donde los personalismos son contrarios a la propia ideología que debería regir el devenir de la organización.

A la valoración excesiva de la propia personalidad que lleva a una persona a creerse el centro de todas las preocupaciones y atenciones se le llama egocentrismo. A la admiración excesiva y exagerada que siente una persona por sí misma, por su aspecto físico o por sus dotes o cualidades se le llama narcisismo. A la adoración y adulación excesiva de un líder político vivo y unipersonal se le llama culto a la personalidad. Como puede comprobar el lector hay algo en común en estas tres definiciones: la palabra excesiva. Eso se puede aplicar a Pedro Sánchez. Está tan pagado de sí mismo que se olvida de que él representa a un partido y no a sí mismo. Tomás Gómez denunció la semana pasada, tras el golpe de Estado que dio el Secretario General, que hasta ese momento, a 3 meses de las elecciones, la única propaganda o el único material que habían recibido en las sedes del PSOE habían sido cartelerías con imágenes de Pedro Sánchez. Esto ha sido corroborado a este autor por agrupaciones de distintos puntos de España. Cuando Sánchez tiene un acto en cualquier punto del país la propaganda y la cartelería va con su foto y no con la de los candidatos a los que supuestamente va a arropar. ¿Esto es egocentrismo, narcisismo o quiere decir que el Secretario General del Partido Socialista quiere que se cree un culto a su persona? Es un poco la suma de todo, y lo vemos en esa expresión que tanto le gusta a él, en el PSOE de Pedro Sánchez. Esta apropiación de un partido centenario ya da una idea de cómo es el personaje.

A lo largo de la historia, desde los tiempos de Agamenón, hemos comprobado cómo estos personajes tan pagados de sí mismos han puesto todos los medios para eliminar a quienes les pudieran hacer sombra, una veces matándolos, otras veces llevando a esos posibles rivales (en algunos casos rivales imaginarios, ya que no existía competencia real) al ostracismo o al exilio.

Nombres como Trostsky, Jung Chang, Malcolm X, José Antonio Primo de Rivera o Ernesto Guevara, por poner algunos ejemplos, son la demostración de ello. Fueron purgados de sus organizaciones. Todo aquel que pudiera hacerle sombra al líder, era purgado. No estoy comparando a Pedro Sánchez con quienes depuraron a esos personajes. Sin embargo, la actitud es la misma tras lo ocurrido en Madrid en el mes de febrero, porque la disolución del PSM ha sido una purga con la intención de avisar a quienes se puedan poner de frente o apoyar a otros líderes territoriales. Lo ocurrido con el PSM es un aviso, una advertencia clara a Susana Díaz de que enfrentarse a él tiene consecuencias. El egocentrismo o el narcisismo de un líder político suele llevar hacia el totalitarismo al querer imponer su voluntad a la del resto de la organización.

Este egocentrismo, o narcisismo, o ambos, ya lo vimos durante las primarias del pasado mes de julio, tal y como se comentó en el capítulo correspondiente. Todos los socialistas estaban orgullosos del ejemplo de democracia interna que se daba al país, sobre todo después de los malos resultados de las Elecciones Europeas. El cénit de este ejemplo democrático se dio en el debate a tres que se celebró en la sede de Ferraz. Pérez Tapias, Madina y Sánchez contrastaron proyectos. Hubo algo que me chocó y es el personalismo de quien ganó las primarias. Incluso alguno de los otros dos le tuvieron que recordar que se trataba de elegir al Secretario General y no candidato a las Elecciones Generales. Tanto Pérez Tapias como Madina presentaron proyectos de partido, mientras que Sánchez se centró en medidas de gobierno. «Yo haré...», «yo revocaré...», yo, yo, yo, siempre él en primera persona, mientras que los otros dos utilizaban la primera persona del plural. Mientras Madina y Pérez Tapias hablaban de su visión del partido, el actual Secretario General hablaba de gobierno. Mientras Madina no dejaba claro si se presentaría o no a las primarias para elegir al candidato a la Presidencia, y Pérez Tapias apostaba por la bicefalia, Pedro Sánchez hablaba ya como candidato a las Generales. Mucho ego y pocas propuestas de partido.

Ganó las primarias con el apoyo oficial de federaciones tan fuertes como Andalucía o Madrid. Este autor no oculta que él no era su candidato. No le generaba confianza porque cuando se es socialista el «yo», el «ego», debe dejarse de lado para centrarse en el interés por el bien común. Debo reconocer que los primeros meses me sorprendió positivamente. Sin embargo, a medida que han pasado los meses el egocentrismo ha ganado a las buenas intenciones. Pedro Sánchez se presenta ya como candidato a la Presidencia del Gobierno, obviando las primarias abiertas que han de convocarse tras las elecciones municipales y autonómicas de mayo. ¿O no las va a convocar? ¿O va a dar otra muestra de autoridad ante sus posibles rivales para que se lo piensen bien antes de enfrentarse a él en las primarias? Quiero recordar que ya las retrasó contra lo que se decidió en un Congreso.

El PSOE de Pedro Sánchez, como le gusta a él que se llame al partido que fundó Pablo Iglesias, se encuentra en un momento muy delicado. La probabilidad de que, de seguir en esta deriva, los resultados en las Autonómicas sean un nuevo fracaso y un descenso del apoyo de los ciudadanos al proyecto socialista se hizo realidad tras perder casi 800.000 votos. En 2011 los ciudadanos ya le dieron un aviso en las urnas y no se reaccionó porque era, al parecer de algunos analistas, la reacción lógica ante las medidas que la crisis y la explosión de la burbuja inmobiliaria tuvo que tomar el Ejecutivo de Zapatero. Se optó por realizar una oposición responsable para no caer en la mezquindad de la política de confrontación que suele hacer el PP cuando no gobierna. Incluso se llegó a pactar con el partido ultraconservador. Esto llevó a otro desastre electoral en las europeas, desastre que provocó la dimisión de Rubalcaba. El cambio de Ejecutiva no ha parado la sangría y la actual nos lleva a la hecatombe, al Armageddon socialista. Bueno, la actual Ejecutiva no, sino el Secretario General y ese culto al líder que parece que quiere imponer. El egocentrismo o el narcisismo provoca que no se reconozcan errores y Pedro Sánchez ha cometido muchos, sobre todo porque tiene una tendencia peligrosa a decir una cosa en los actos de partido de los fines de semana (donde busca el apoyo de la militancia a su autoproclamada candidatura a la Presidencia) y hacer la contraria el resto de la semana (donde se quiere presentar a los españoles como un político que antepone supuestos intereses nacionales a los intereses de partido). Es decir, que está haciendo lo mismo que Rubalcaba y que hundió al PSOE en las europeas. Dijo que no iba a pactar con el PP, y pactó siendo partícipe de una escena humillante con la firma de dicho pacto en Moncloa. Dijo que Tomás Gómez era el candidato ideal para Madrid, y en apenas unas horas lo cesó, con el ánimo de lanzar un aviso a Susana Díaz, Ximo Puig o García Page. Dijo que los imputados serían cesados y suspendidos de militancia pero Chaves y Griñán siguen ahí, porque, por mucho que el argumentario que han editado sobre este tema diga que aún no se les ha imputado ningún delito, cosa que es cierta, la realidad, y saliendo fuera de la semántica procesal, es que fueron citados a declarar en calidad de imputados. Alardea mucho de que él ha sido elegido por el voto de los militantes, pero les negó dicha posibilidad de elegir al candidato a la Comunidad de Madrid a toda la militancia del PSM porque él ya tenía a una persona y, como lo es para él, hay que imponerla. Y así me podría alargar un par de folios más con ejemplos tan vergonzantes como el de Murcia, Vitoria, Ávila o Parla. Esas apuestas personales del Secretario General y de su alter ego César Luena no han dado los resultados que él esperaba ya que en ninguna de esas plazas se ha logrado ganar las elecciones.

Pasará el tiempo y veremos a Pedro Sánchez referirse a él mismo en tercera persona, como hacía Julio César, o utilizando el «Nos» como hace el Papa. Los socialistas están aún a tiempo de revertir la situación porque el actual Secretario General del PSOE no es la persona adecuada para ello porque sus contradicciones generan desconfianza incluso en los propios votantes socialistas. Otra cosa es la militancia, cada vez más desencantada. Sin militancia no hay partido, no hay organización, no hay nada. Con Pedro Sánchez vamos caminando hacia una representación de menos de 60 diputados y de pérdida del poco poder autonómico y municipal que nos queda a los socialistas, salvo en Andalucía, donde hay una lideresa que mira hacia afuera y no hacia sí misma, una lideresa que no cae en contradicciones absurdas y que es la política mejor valorada, la única a la que la ciudadanía da una nota por encima de 5. En el resto del país, el desastre. ¿Dimitirá Pedro Sánchez tras el desastre electoral? Evidentemente, no, porque la culpa será de los demás. Los egocéntricos y los narcisistas tienen eso: jamás yerran por mucho que sus errores sean la causa de los peores males.

El personalismo de Pedro Sánchez llega a veces a rozar el ridículo. Lo vimos en las Elecciones al Parlamento Andaluz donde se sustanció que ve como rival directo a Susana Díaz para llegar a ser el candidato a la Moncloa. Todas las campañas de cartelería que se hacían con la imagen de Susana Díaz, al fin y al cabo, y esto es un detalle sin importancia para Pedro Sánchez, la candidata, era respondida por los órganos de propaganda oficiales del PSOE con fotomontajes donde aparecían juntos los dos utilizando los mismos carteles que los usados por la federación andaluza. El ridículo llegó a niveles obscenos cuando ya minimizaban a Susana Díaz y presentaban a Pedro Sánchez en un tamaño mayor. Había que dejar claro quién era el líder por encima de los intereses del partido. Nada ni nadie le podía quitar el protagonismo, por mucho que se jugara el PSOE en esas elecciones. El personaje principal, el «starring» era él y nadie más.

Lo mismo ha hecho durante la precampaña y la campaña para las Autonómicas. La maquinaria del partido estaba puesta al máximo de revoluciones para ganar unos comicios donde se preveía una fuerte caída del Partido Popular, por un lado, y un ascenso de los partidos emergentes por otro. El PSOE se jugaba mucho porque ahí se iba a ver cómo las propuestas socialistas estaban calando en la ciudadanía, si se había recuperado la confianza del pueblo en un proyecto que por abandonar las esencias había sido despreciado por quienes tienen la capacidad de decisión a la hora de elegir quién quiere que les gobierne.

Pedro Sánchez, eso hay que reconocérselo, ha hecho muchos kilómetros. Pero, ¿para qué? ¿Para apoyar a los candidatos o para apoyarse a sí mismo? ¿Para exponer el proyecto socialista municipal o autonómico o para tener la posibilidad de contactar con la militancia cara a cara y trasladarle su proyecto para llegar a la Moncloa? El lector ya se habrá dado cuenta de que la respuesta correcta a estas preguntas se encuentra en las segundas opciones.

Este año 2015 estamos teniendo una actividad electoral que no se recordaba desde los primeros años de la democracia. En apenas unos meses los ciudadanos vamos a ejercer nuestro derecho de sufragio para elegir a nuestros representantes en las instituciones. El cambio del mapa político español con la irrupción de nuevos partidos y por la necesidad de cambio que exige la ciudadanía provoca que todos los líderes nacionales se movilizaran para apoyar a sus candidatos, para que con su presencia su mensaje y su programa quedara reforzado. Sin embargo, ¿ocurre en todos los partidos? Evidentemente, no, ya que hay alguno que está aprovechando la vorágine electoral para hacerse autopromoción, que ha confundido los términos, que se cree Alejandro Sanz visitando radios y televisiones para publicitar su nuevo disco.

Muchos socialistas están viendo cómo su Secretario General se ha aprovechado de su presencia en actos del partido, actos con candidatos municipales y autonómicos, para hacer su propia campaña de cara a las primarias. Kilómetros de socialismo lo llaman cuando la realidad está demostrando que son kilómetros de «pedrismo» si se me permite el neologismo. Son muchos los que se sienten ultrajados por esta utilización de los recursos del partido para que el Secretario General esté ya haciendo la campaña para las primarias de julio. Como algún dirigente ha dicho off the record, Pedro Sánchez ya está en «Modo Primarias».

No es la primera vez que lo hace. Ya le salió bien el año pasado y ¿por qué no le iba a salir bien ahora? Los militantes buscan tiempo debajo de las piedras para que sus candidatos logren ganar las elecciones. Todo el mundo trabaja para que el Partido Socialista recupere el sitio que le corresponde. Los militantes se desgañitan en todos los foros existentes e inventando foros nuevos para que los ciudadanos vuelvan a ilusionarse con el proyecto socialista. Mientras, Pedro Sánchez, hace promoción personal, del mismo modo en que Alejandro Sanz hace la suya.

Como he dicho, ya lo hizo durante las pasadas Elecciones Europeas. Mientras toda la militancia luchaba para que Elena Valenciano ganara los comicios, Pedro Sánchez estaba en plena promoción personal para lograr ser Secretario General. Se hizo un esfuerzo tremendo por parte de muchos militantes para que Elena lograra ganar unas elecciones que eran fundamentales para el futuro de España y de la Unión Europea. Había una oportunidad para acabar con las políticas neoliberales y de austeridad. Los socialistas se volcaron para lograr esa victoria. Sin embargo, Pedro Sánchez iba agrupación por agrupación para promocionarse de cara a suceder a Alfredo Pérez Rubalcaba. Los resultados fueron malos para el PSOE a pesar del trabajo espectacular de una militancia que se volcó y luchó hasta la extenuación. No obstante, para Pedro Sánchez el desastre electoral significaba ponerse en el trampolín para dar el salto, para alcanzar la Secretaría General, para optimizar el trabajo realizado mientras los demás se dejaban todo por el partido, por su candidata. Hizo muchos kilómetros para buscarse un beneficio propio no para ayudar al PSOE.

En las primarias ya partió con ventaja dado que los otros dos candidatos no habían realizado esos kilómetros de autopromoción y se ajustaron a los plazos que marcaban los tiempos que iban entre la recogida de avales y las votaciones de julio. Pedro Sánchez ya había estado en las agrupaciones, ya se había promocionado. Y ganó con la legitimidad que da el voto de los militantes. Por cierto, parece ser que ahora ese voto no vale para nada y que sólo tiene valor lo que diga su Ejecutiva. Pero ese es otro tema.

La historia se vuelve a repetir. Estamos en época electoral y Pedro Sánchez está haciendo kilómetros, está visitando agrupaciones, está hablando con los militantes, es decir, ha activado el Modo Primarias. Aprovechando que el Pisuerga pasa por Valladolid el Secretario General del Partido Socialista Obrero Español no hizo campaña para las municipales ni las autonómicas sino que estaba haciéndose su promoción para las primarias de las generales. Todo ello, además, con el apoyo del aparato y de los recursos del partido, recursos que deben estar orientados más a conseguir una victoria y recuperar lo que se perdió en 2011, recursos que deberían invertirse en devolver la ilusión de los ciudadanos en el proyecto socialista. Sin embargo, Pedro Sánchez utilizó la campaña de las municipales y autonómicas para promocionarse ante los militantes. Le importa poco que tal o cual candidato necesite más o menos apoyo por su parte. Lo importante es ganarse apoyos para las primarias de julio e intentar lograr que no haya ningún otro candidato que le pueda hacer sombra. Tampoco se puede esperar otra cosa de quien piensa que el PSOE es él.

Tan descarada es esa actitud que ya están surgiendo voces denunciando el juego sucio que está practicando. A él le da igual porque la prioridad es él. Esta actitud es la que suelen tener los líderes débiles que piensan que son fuertes. De ahí que se produzcan acontecimientos como los ocurridos en Madrid, Ávila, Vitoria, Parla o Murcia. De ahí que se utilice a dirigentes socialistas como cabezas de turco para enviar avisos a quienes puedan hacerle sombra. De ahí las constantes amenazas a los posibles candidatos o los posibles movimientos internos para presentarse a las primarias. Él ya se está encargando de desactivarlo con la promoción de su persona, con la imposición de la idea de que o Pedro Sánchez o nada, es decir, el mismo mensaje de Mariano Rajoy «o el PP, o el caos». Se están invirtiendo muchos recursos para hacer ver que la debilidad de su liderazgo es la única solución, es la única opción.

Pedro Sánchez hizo y está haciendo kilómetros y kilómetros para promocionarse. ¿Son kilómetros de socialismo? No, más bien son kilómetros de desvergüenza.

AMORDAZAR A LA MILITANCIA

«Las primarias son una mera distracción para la militancia y su voto no sirve para nada porque la decisión final a la hora de elegir un candidato corresponde en exclusiva a los 311 miembros que componen el Comité Federal». Este pensamiento, desde un punto de vista democrático, es terrible, ¿verdad? Es como si un Jefe de Estado afirmara sin rubor alguno que las Elecciones Generales son una mera distracción para los ciudadanos y que su voto no tiene valor alguno porque la decisión final la tiene ese Jefe de Estado o un Comité de asesores.

Cualquiera que fuera ajeno a la situación política española pensaría que dicho pensamiento podría provenir de un dictador que quiere maquillar su poder unipersonal bajo unas elecciones ficticias, como ocurre en algunas antiguas repúblicas soviéticas o, desde otro punto de vista, en alguna «pseudodemocracia» sudamericana. Sin embargo, se trata de la interpretación del Partido Socialista Obrero Español a su democracia interna. Este desprecio hacia la militancia fue expresada en un juzgado por la representación legal del PSOE como defensa ante la denuncia presentada por el candidato elegido en primarias por la militancia de la localidad madrileña de Parla. A cualquiera le podría sorprender que un partido que ha dado un ejemplo de democracia interna jamás vista en España desprecie de esa forma la importancia de sus propios militantes a la hora de elegir a los candidatos para las elecciones. Es indignante que una organización como el PSOE, cuyo Secretario General fue elegido por el voto de los militantes, cuyo Secretario General ha presumido hasta el hastío de ser un militante de base, de ser un defensor de que sea la militancia quien elija tanto a sus cargos orgánicos como a sus candidatos, de ser el Secretario General de la militancia, ahora desprecie de ese modo la voz de las bases.

No obstante, quien tenga unos pocos conocimientos de cómo han funcionado las organizaciones políticas a lo largo de la historia sabrá que cuando alcanza el poder de ésta una persona pagada de sí misma las bases dejan de existir y se suele pasar a un régimen personalista donde sólo se hace lo que el líder. Desgraciadamente eso es lo que está ocurriendo en el PSOE. Se ha pasado en menos de un año de ser un ejemplo de democracia interna al personalismo puro y duro. Da la sensación de que si Pedro Sánchez no hubiera nacido España el Partido Socialista no existiría.

Esa frase, ese pensamiento con el que abríamos este capítulo es la visión que tiene el actual Secretario General de la voz de sus bases. Esa frase, ese pensamiento determina muchas cosas para el futuro del partido y explica muchos sucesos ocurridos en los meses previos a las municipales y autonómicas de mayo de 2015. El personalismo de Pedro Sánchez y de su adminículo César Luena derivó en actitudes autoritarias al no respetar las decisiones de la militancia tras las primarias convocadas y celebradas en todas y cada una de las agrupaciones y federaciones de España e imponer a sus propios candidatos, en algunos casos, aquellos a los que la militancia no había apoyado con su voto o con su aval.

Impactante fue la decisión de intervenir a la federación madrileña e imponer una gestora dirigida por, precisamente, los críticos con el Secretario General del PSM. Tras el asalto se llegó aún más lejos en el autoritarismo y en las actitudes dictatoriales al imponer a un candidato para la Comunidad de Madrid sin contar con la militancia, amordazándola. Se hizo un paripé de consulta oral en las agrupaciones, pero fue una consulta sin ningún tipo de control ni garantías ya que no había ni censos, ni registros. Era el candidato de Ferraz o era el candidato de Ferraz, no había más opción. Luena afirmó en rueda de prensa que esta decisión se tomaba por varias razones, entre las que destacó que Gómez podría tener problemas judiciales por la gestión en la construcción del Tranvía de Parla —ciudad del sur de Madrid de la que fue alcalde. A día de hoy, mientras las letras van llenando el blanco de la hoja, Tomás Gómez aún no ha sido imputado ni hay visos de que lo vaya a ser. La razón de esta decisión va más allá de excusas falsas como las que dio Luena. Tomás Gómez fue destituido y el PSM fue intervenido y entregado a quienes llevaban años con el puñal entre los dientes porque no se sometió a las exigencias que Pedro Sánchez le quiso imponer. No quiso abandonar su candidatura porque los militantes le habían avalado y ningún otro candidato había alcanzado el número de avales mínimo que marcan los Estatutos del PSOE. El Secretario General no dudó en traicionar a quien le había apoyado durante las primarias porque no se sometía a sus exigencias. El propio César Luena dejó bien claro en esa misma rueda de prensa que «el PSOE está dirigido por la Dirección Ejecutiva Nacional, que es quien manda, Pedro Sánchez», es decir, que utilizó los mismos argumentos que se daban durante el franquismo cuando se afirmaba en España mandaba el Caudillo y nadie más. Como se puede comprobar, un ejemplo claro de democracia interna, permítanme la ironía, que se puede resumir en la siguiente frase: «En el PSOE el que manda es Pedro

Sánchez». Si juntamos este razonamiento con el que abría el capítulo nos hacemos una idea del nivel de respeto hacia la voz de las bases que tiene el actual Secretario General del Partido Socialista.

Sin embargo, el amordazamiento y la falta de respeto hacia las decisiones de la militancia no ocurrió sólo en el PSM y Tomás Gómez no fue el único defenestrado. Hubo más casos como lo ocurrido en Vitoria, Murcia, Ávila o Parla, por poner unos ejemplos. Seguramente hubo más porque una de las especialidades de Luena es la intervención autoritaria de federaciones o agrupaciones. Cuando era Secretario General del PSOE de La Rioja intervino la agrupación de Logroño, la más grande de la Comunidad Autónoma, sólo por el hecho de que no le eran demasiado afines, o sumisos, a lo que él querría. Esa experiencia la ha aplicado junto con Pedro Sánchez durante la precampaña al quitar y poner candidatos a su antojo eliminando a quienes no estaban en su cuerda. Estas actitudes autoritarias también son un aviso para otros importantes dirigentes que podrían ser díscolos o que podrían tener la osadía de presentarse contra él en unas primarias para ser candidato a la Moncloa. Eso un egocéntrico como Pedro Sánchez no lo podría aguantar y por eso ya dio muestra de su autoritarismo antes de las municipales y autonómicas. Si se ha quitado de en medio a Tomás Gómez...

El deseo de Pedro Sánchez y de alguien más de su equipo es que no se celebren primarias abiertas para la elección del candidato a la Presidencia del Gobierno. El actual Secretario General ya se ha autoproclamado en más de una ocasión como el candidato a las Generales. El apéndice César Luena ya ha amenazado a quienes tengan tentaciones de presentarse porque sólo hay un proyecto posible, el suyo, el de Pedro Sánchez. ¿Cómo un dirigente de un partido que va presumiendo de democracia interna puede tomar actitudes tan autoritarias? ¿Tal vez piensan que estar en la punta de la pirámide les da poder para amordazar a la militancia y a cauterizar cualquier candidatura alternativa? Evidentemente, sí lo piensan.

El ego del Secretario General no puede permitir que nadie le quite el protagonismo. Para eso ha recorrido kilómetros y kilómetros para exponer su proyecto a los militantes mientras el resto del partido estaba en ganar las elecciones.

Sin embargo, tienen un problema para poder imponer unilateralmente a Pedro Sánchez como candidato a la Moncloa: los Estatutos del PSOE que han de cumplir a rajatabla si no quieren caer en la prevaricación. En el Partido Socialista están recogidas dos tipos de consultas a la militancia a la hora de elegir a sus candidatos: en primer lugar, primarias abiertas, donde el censo se abre a toda la ciudadanía junto al de militantes, previa firma de adhesión a los principios socialistas y pago de una cuota simbólica de hasta 3 euros; en segundo lugar, primarias cerradas donde sólo tienen derecho al voto los militantes socialistas. Según las últimas Resoluciones Congresuales **es obligatorio convocar primarias abiertas para la elección del candidato a las Elecciones Generales.** En lo referente a la elección de candidatos para autonómicas o municipales es diferente. No es obligatoria la convocatoria de primarias abiertas sino que cada Federación Territorial tiene la potestad de decidir el modelo de elección, abierto o cerrado, y sólo pueden votar los militantes en el caso de los candidatos a los ayuntamientos.

Como siempre ocurre en el Partido Socialista existen diferentes visiones: hay quien defiende la idoneidad de este procedimiento de elección, donde la militancia es la que decide con su voto, procedimiento que se abre a los ciudadanos no militantes en el caso de las primarias abiertas; por otro lado, están los que defienden que la elección de candidatos debe seguir haciéndose por el procedimiento antiguo por el que se elegía a quien encabezaría la candidatura socialista a través de la elección de los delegados. Antes del año 2000 estos delegados tenían la obligación de votar al candidato a Secretario General según lo que decidiera su agrupación. En el 2000 Zapatero dio libertad a los delegados para que pudieran cambiar la decisión de su agrupación lo que provocaba un mercadeo intolerable y una falta de respeto hacia lo que las bases habían decidido.

Para la elección del candidato a la Moncloa, tal y como obligan los Estatutos del PSOE, hay que convocar primarias abiertas. En ellas Pedro Sánchez se juega mucho porque es donde los militantes y la ciudadanía avalarán o no su gestión. Por eso durante la campaña de las autonómicas y municipales ya se ha estado dando autobombo, como ya se ha explicado anteriormente. ¿Qué le interesa más a Pedro Sánchez, que haya o que no haya primarias? Hay varias interpretaciones que, conociendo al personaje y a lo pagado que está de sí mismo, son válidas. Por un lado hay quienes piensan que Pedro Sánchez no quiere que haya primarias, es decir, que ningún candidato le haga sombra. De ese modo se puede presentar a las Elecciones Generales interpretando que tiene el total apoyo de las bases, de que él es el único que puede liderar el camino hacia la Moncloa con garantía de éxito. De ahí las amenazas y los toques de atención dados a quienes pudieran tener la tentación de enfrentarse a él. Por otro lado, están los que piensan que Pedro Sánchez, a pesar de su egocentrismo y de creer que el PSOE es él, está muy interesado en que consiga los avales necesarios un candidato de «segundo nivel» para poder aplastarlo y afianzar aún más su poder absoluto en el PSOE.

Sin embargo, existe un problema y ese problema lo resumimos en la frase que iniciaba el capítulo: **«Las primarias son una mera distracción para la militancia y su voto no sirve para nada porque la decisión final a la hora de elegir un candidato corresponde en exclusiva a los 311 miembros que componen el Comité Federal».** En caso de que hubiera un candidato alternativo al Secretario General, un candidato que obtuviera los avales necesarios y que recibiera un mayor apoyo que Pedro Sánchez, ¿aceptarían él, el líder máximo y su adlátere Luena el resultado? ¿Aceptarían la bicefalia respetando la decisión tomada por los militantes? No quiero poner nombres por si el hecho de que se nomine a alguien pueda acarrear consecuencias y represalias, que ya amenazó Luena a quienes tuvieran tentación de abrir el proceso y no aceptar la aclamación del Secretario General como candidato a la Moncloa, con esa frase tan democrática de que **Pedro Sánchez es la única alternativa**. ¿Aceptaría Pedro Sánchez compartir protagonismo o cederlo en favor de otra persona? Evidentemente no. Ya está poniendo todos los medios para que a nadie se le ocurra presentar candidaturas alternativas, ya ha utilizando los medios del partido para hacerse campaña aprovechando el tiempo electoral. Está claro que se ha dado cuenta de que su liderazgo pende de un hilo, de que es un líder hiperdebilitado, tanto dentro como fuera del partido. Esto es un hecho y no hay nada más peligroso en la vida que alguien que se cree líder y no lo es.

Sin embargo, la solución para la marca PSOE pasa por la bicefalia, por el hecho de separar de una vez los intereses de partido de los intereses de gobierno. No obstante, en una mente narcisista y ególatra como la del Pedro Sánchez eso no puede entrar, no lo concibe. Y él sabe que si hay primarias las va a perder si hay un candidato con carisma y unas propuestas no basadas en el personalismo sino en el mensaje socialista. Su egolatría le ha hecho perder los fuertes apoyos que tuvo cuando alcanzó la Secretaría General. Ya no tiene a la militancia de Andalucía a su lado, la Federación que lo aupó. Ya no tiene a la Federación Madrileña a su lado. Todas y cada una de las Federaciones y Agrupaciones a las que se les ha escupido en la cara al intervenir las decisiones tomadas por los militantes ya no le apoyan. Entonces, ¿qué futuro tiene Pedro Sánchez para las primarias? Ninguno. Por eso está intimidando a los posibles candidatos. De ahí las amenazas de Luena. Saben que no va a optar a la Presidencia de Gobierno porque cualquiera es mejor que ellos, cualquier puede presentar un proyecto que ilusione más a los ciudadanos que el que él pueda presentar.

De ahí las maniobras y los pactos secretos a los que se está llegando con el PP que desembocarán, irremediablemente, en un Gran Pacto que salve a dos líderes débiles de los dos principales partidos políticos españoles. De ahí que se quiera paralizar cualquier posible candidatura alternativa con amenazas veladas en ocasiones y directas en otras. De ahí que se utilicen cabezas de turco y defenestraciones de líderes importantes como ejemplo de lo que le puede pasar a quien no acepte la proclamación de Pedro Sánchez.

Esto es así y así el PSOE, un Partido Socialista que puede dar mucho a los ciudadanos, que puede ser el nuevo catalizador de las esperanzas del pueblo, pero que se va a quedar en agua de borrajas gracias al desprecio que siente el Secretario General por la voz de su militancia porque, al fin y al cabo, las primarias son una mera distracción y el voto de los militantes no sirve para nada. Sólo quiero recordar que el Secretario de Organización es César Luena y, por consiguiente, es quien preside la Comisión de Listas que es quien debe aprobar el resultado de las primarias. ¿Se imaginan ustedes el escándalo que supondría que Pedro Sánchez determinara imponerse él por una decisión de la Comisión de Listas a pesar de que los militantes y los ciudadanos hubieran elegido a otra persona? Sería un escándalo porque, en este caso y a diferencia de lo ocurrido en las municipales y autonómicas, no sólo amordazaría la decisión de la militancia sino también de la ciudadanía. Consecuencia: el egocentrismo de Pedro Sánchez acabaría de una vez con el PSOE.

Las pasadas Elecciones Municipales y Autonómicas han demostrado que la situación política de España ha cambiado. También se ha hecho evidente que los ciudadanos quieren otro tipo de políticos y de otra manera de hacer política. Habrá quien piense que esta atomización genera ingobernabilidad. Es evidente que la parcelación del voto, que la irrupción de nuevas fuerzas provoca que no haya mayorías absolutas ni mayorías suficientes como para poder gobernar sin tener que negociar ni llegar a consensos con otras formaciones, incluso con formaciones que se encuentren en un arco ideológico al del partido que gobierne. Señores, esto es la democracia. Lo que no es democrático es el régimen de dictadura parlamentaria que ha impuesto el Partido Popular durante esta legislatura.

En este nuevo tiempo, en esta Segunda Transición, como la llaman algunos, los ciudadanos quieren que sus representantes den prioridad a sus demandas y necesidades que a las de las élites, que prioricen los verdaderos problemas frente a las de la macroeconomía. Por eso los dos grandes partidos de la democracia están sufriendo los descalabros electorales y están recibiendo el castigo del pueblo. Ha sido necesaria una crisis económica brutal para que en España los ciudadanos se interesen en la política y, sobre todo, que quieran ser partícipes de las decisiones. Ha sido necesaria una crisis económica que ha generado niveles de desigualdad jamás vistos en nuestro país desde los tiempos del estraperlo para que la ciudadanía se haya dado cuenta de que el estado de apatía respecto a las decisiones de los políticos no les genera beneficios. Tienen la obligación moral de ser partícipes de la toma de decisiones y ahora, tras años de indolencia, han decidido llevar a efecto esa participación.

Han surgido nuevas fuerzas políticas con nuevas ideas de cómo afrontar el gobierno o la presencia en las instituciones. En principio surgió por el ala izquierda Podemos, partido que recoge las reivindicaciones del 15M. Posteriormente se fue haciendo fuerte una organización que ya llevaba años de actividad en Cataluña pero que no había salido de su ámbito territorial: Ciudadanos, que ha irrumpido con fuerza por el ala derecha del arco. Ambos, dentro de sus ámbitos ideológicos, han revolucionado de tal modo el mapa político que los dos partidos que tradicionalmente han tenido responsabilidades de poder, PP y PSOE, están viendo amenazados sus estatus de partidos de referencia conservadora o progresista. Estos nuevos partidos se diferencian de las dos principales formaciones de la democracia que conforman lo que se ha mal denominado como *bipartidismo*, en que han renovado su propia marca, programas y propuestas a parte. Será un rasgo que pueda parecer nimio a muchos de quienes leen estas líneas pero que los datos lo demuestran. En estos nuevos tiempos políticos cualquier referencia al pasado resta y, tanto Podemos como Ciudadanos, lo saben. Los resultados dan fe de ello. Todas las organizaciones cuyas siglas comienzan con la palabra «Partido» están perdiendo calado en la ciudadanía. No llega porque ya el propio nombre refleja algo viejo, algo que parece que viene de varios siglos atrás. Sin embargo, triunfan los nombres de marca simples y que rezuman unidad popular, tal y como hemos visto con las diferentes plataformas ciudadanas que han tenido tan buenos resultados sobre todo en las grandes ciudades.

Todos esos cambios que se están produciendo sólo calan en el PSOE de Pedro Sánchez en la superficie porque sigue funcionando como un partido sin renovarse. El último ejemplo lo tenemos en el calendario de las primarias para la elección del candidato a la Presidencia del Gobierno.

Una actitud caciquil que no sorprende teniendo en cuenta los antecedentes egocéntricos del Secretario General del PSOE.

Tal y como decimos esta actitud caciquil la hemos visto de nuevo en el calendario de las primarias que se presentó el sábado, un calendario hecho a la medida del Secretario General, sobre todo teniendo en cuenta las fechas en las que muchos compañeros se están jugando alcanzar pactos de gobierno con otras fuerzas. Eso a él le da igual. Lo importante es que él sea el candidato. El resto le importa una mierda. Repasemos ese calendario para ver cómo está confeccionado a la medida de las necesidades de Pedro Sánchez. En primer lugar, se adelanta al día 1 de junio la presentación de candidaturas hasta el viernes, es decir, sólo 5 días. La recogida de avales (tarea que el Secretario General ya lleva adelantada por su campaña personal durante las municipales y autonómicas) se alargará durante 11 días, hasta el 16 de junio y la proclamación de candidaturas se hará pública el día 20. Realmente cuando hablan de proclamación de candidaturas de refieren a la proclamación por aclamación de Pedro Sánchez.

¿Se imaginan ustedes que en unas elecciones de países pseudo-democráticos se presentara un calendario así, a medida de los intereses personales del líder? Sería un escándalo a nivel internacional. Pues no se diferencia mucho de lo que ha presentado el PSOE. Los plazos coinciden con los marcados por la Ley para la composición de los gobiernos autonómicos y de los ayuntamientos. Por tanto, es la estrategia para que quienes habiendo obtenido el apoyo de los ciudadanos en las urnas para poder conformar gobiernos o para ser fundamentales para sacar al PP de las instituciones están obligados a cerrar acuerdos de gobernabilidad se centren en lo suyo y no se enfrenten a Pedro Sánchez.

Quiero recordar a todos que Pedro Sánchez estaba obligado a convocar las primarias para la candidatura a la Presidencia del Gobierno porque los Estatutos del PSOE así lo determinaban. Si no hubiera estado así legislado no habría habido primarias porque se hubiese autoproclamado. Su ego y su modo de entender la Secretaría General del partido como si fuese su territorio de actuación no le permitiría rebajarse a que los militantes decidan que otra persona que no sea él se convierta en el candidato a la Moncloa. Hay que tener en cuenta que sus constantes traiciones a los que le apoyaron en las primarias a la Secretaría General le han restado muchos apoyos de importantes federaciones. Y él lo sabe, sabe que con un candidato fuerte tendría que aceptar lo que su ego no le permitiría jamás: la bicefalia. De ahí la cacicada de calendario de primarias que ha aprobado. Sin embargo, en caso de que hubiera un candidato alternativo, de que ganara a Pedro Sánchez, es muy probable que la Comisión de Listas que preside César Luena proclamara al Secretario General porque, como ya reconoció Ferraz a través de sus abogados «las primarias son solo una distracción para los militantes y su voto no vale para nada». Esta frase resume perfectamente el estado en que está el Partido Socialista respecto a la democracia interna de la que tanto presume pero que tanto quieren eliminar con cualquier método que tape la boca a los militantes.

EPÍLOGO Y REQUIEM: LA GRAN COALICIÓN

Es un hecho que demuestra la historia que el egocentrismo de un líder lleva irremediablemente hacia el autoritarismo y éste, sin ningún tipo de prejuicio, a abandonar la ideología sobre la que inicialmente se sustentaba su liderazgo. En el Partido Socialista Obrero Español lo hemos comprobado al ver la deserción de los principios socialistas en favor de una socialdemocracia mal copiada de los países del centro y norte de Europa durante las últimas legislaturas de Felipe González y la toma de decisiones de gobierno más propias de un partido neoliberal en los dos últimos años de Rodríguez Zapatero. Nos referimos a la traición a los principios fundamentales del socialismo no al narcisismo de los dos líderes mencionados.

En el caso del actual Secretario General nos encontramos con que el PSOE está en riesgo de cometer uno de los mayores errores de su historia, un error que puede significar la confirmación de su final, tal y como ha ocurrido en otros países de nuestro entorno. Me refiero a lo que se ha llamado en medios de comunicación y centros de debate como «La Gran Coalición» o «El Gran Pacto», por el que los dos principales partidos gobernarían coaligados para frenar a las nuevas organizaciones con el único fin de que nada cambie, de implantar en España una especie de «gatopardismo» que mantenga los privilegios de los privilegiados y el poder de las élites, es decir, todo por lo que cualquier socialista de bien y que se sienta orgulloso de serlo debe luchar.

Los militantes de base, los votantes, los simpatizantes y los dirigentes municipales y regionales han negado la posibilidad hasta la extenuación. El propio Pedro Sánchez lo ha negado en repetidas ocasiones diciendo que el PSOE no pactará jamás con el PP. Bueno, él ya renunció a esa promesa cuando se hizo esa foto de la vergüenza en La Moncloa junto a Rajoy firmando un pacto contra el yihadismo que fue una trampa en toda regla por parte del Presidente del Gobierno, ya que ese pacto se llevó a efecto en pleno debate sobre la reforma del Código Penal, lo que, indirectamente, hacía al Partido Socialista cómplice de esa reforma del Gobierno, por mucho que los portavoces y el alter ego de Sánchez se desgañitaran en desmentir dicha complicidad con el PP y que tras las Elecciones Autonómicas y Municipales se haya dado orden de que se puede pactar con cualquiera menos con los Populares y con Bildu, debemos ver esa negativa dentro del contexto actual, no de las Generales donde, según parece, va a ser un enfrentamiento entre Rajoy y Pedro Sánchez.

Trasladando los datos de las municipales, donde votó la totalidad de la población española, el PSOE de Pedro Sánchez apenas alcanzaría los 100 diputados, es decir, que el actual Secretario General volvería a cosechar un fracaso electoral como el del pasado mes de mayo. ¿Impedirá eso que Pedro Sánchez renuncie a ser el protagonista o a alcanzar cotas de poder? Evidentemente su ego y su afán de protagonismo no se lo pueden permitir. Pactará con el Partido Popular una especie de versión mala del acuerdo entre los socialdemócratas alemanes con la CDU de Angela Merkel. Como escusa pondrá la gobernabilidad y la estabilidad de un gobierno fuerte frente a la atomización que se prevé que habrá y en vez de pactar con sus aliados naturales, que serían IU o Podemos, donde hay líderes jóvenes con el mismo ego que él en alguno de los casos, cuando no lo superen.

Lo que se ha denominado el *bipartidismo* PSOE-PP está perdiendo apoyo ciudadano por sus errores y su distanciamiento de la realidad. Sin embargo, hay sectores muy poderosos de la sociedad que no verían con malos ojos que ese Gran Pacto se produjera. Sobre todo aquellos cuyos intereses económicos están por encima de las necesidades de los ciudadanos, tal y como se ha visto durante esta crisis económica donde las principales víctimas han sido las clases trabajadoras, tanto de rentas bajas como de rentas medias, mientras que los beneficiarios han sido precisamente esas élites que proponen como solución el que no cambie nada, que todo siga igual.

¿Actuará Pedro Sánchez como un verdadero socialista y antepondrá los intereses de los ciudadanos a los de esas élites como haría cualquier socialista que se preciara de serlo? ¿Pactará con el PP con la falsa excusa de la gobernabilidad para que su cuota de protagonismo no se vea afectada por algo tan nimio como la voz del pueblo? Lo más probable es que se decante por la segunda. Entonces, ¿por qué ese afán en pautar a federaciones y agrupaciones que en los pactos para los gobiernos autonómicos y municipales la línea roja está en el pacto con los conservadores? La respuesta es muy sencilla: esa estrategia de enfrentamiento con el PP le refuerza de cara a las Elecciones Generales, no le afecta a él directamente, no es él quien debe alcanzar consensos con otras fuerzas de la izquierda. Cuando le llegue el turno y vea que la fragmentación sea tan grande pactará con quien le puede proporcionar un puesto donde no pierda protagonismo y su ego quede satisfecho. Con los resultados de las municipales sólo habría un socio posible: Mariano Rajoy, un líder tan débil como él pero cuyo ego no competiría jamás con el suyo.

Por otro lado, Pedro Sánchez se encuentra con las presiones que desde dentro del propio PSOE protagonizan antiguos dirigentes, personas que no están en la primera línea pero que siguen muy presentes y cuya voz tiene mucho peso. Un ejemplo claro lo tenemos en uno de los consejeros del actual Secretario General: Felipe González. Éste no dudó en defender la Gran Coalición con el PP si la gobernabilidad del Estado estaba en juego. Esa presunta responsabilidad, esa visión de Estado, es la culpable de que el PSOE esté como está, como un animal herido en una zona no vital pero que va muriendo poco a poco.

Pactar con el PP sería la mayor irresponsabilidad que podría cometer el PSOE pero estando en manos de quien está cada día que pasa es más que probable que se produzca, sobre todo teniendo en cuenta los resultados que los ciudadanos determinaron en las pasadas elecciones municipales. Pactar con el PP sería el final de la historia del partido que fundara Pablo Iglesias hace 136 años, pero eso a Pedro Sánchez le da exactamente igual porque su ego quedaría totalmente satisfecho olvidándose de algo muy importante: el ego es la antítesis del socialismo.

ÍNDICE